Idries Shah

Das Geheimnis der Derwische

Geschichten der Sufimeister

Herder Freiburg · Basel · Wien

Titel der englischen Originalausgabe:
Tales of the Dervishes

Verlag Jonathan Cape, London

Aus dem Englischen übersetzt von
Inge von Wedemeyer

Umschlaggestaltung unter Verwendung
einer Miniatur aus Bagdad um 1200

Dritte Auflage

Fotosatz: Leingärtner, Nabburg
Druck und Einband: Freiburger Graphische Betriebe 1984
ISBN 3-451-19431-7

Inhalt

Einleitung

Wer sind die Derwische? Und warum haben ihre Geschichten gerade für den Leser im Westen eine so starke Anziehungskraft? Sucht man die Antwort auf diese scheinbar so einfachen Fragen, so muß man sich zunächst einmal – wie bei anderen Themen im weiteren Umfeld psychologischer und geistiger Interessen – durch ein Gewirr von Assoziationen, Mißverständnissen und eine Vielzahl willkürlicher Ansichten durcharbeiten.

Es gibt im Westen über den Sufismus eine Reihe von hartnäckigen Klischeevorstellungen, die ihren Erfolg jener angeborenen und oft wirklich bewundernswerten menschlichen Neigung verdanken, ein säuberliches Etikett zur Hand zu haben, das man selbstverständlich aus eben den Kategorien ableitet, die einem selber zur Verfügung stehen, und mit dem man etwas, worüber Zweifel und Unsicherheit besteht, nun doch meint beschreiben und verständlich machen zu können.

Wenn wir uns an die im Westen herausgegebenen Lexika und Enzyklopädien halten, lesen wir, Derwische seien „Mohammedanische Mönche oder Klosterbrüder". Diese Mönche, so behaupten jene Autoritäten, kommen aus der Türkei, aus Zentralasien oder aus Indien, – je nachdem, welche der angeblich zuverlässigen Quellen wir zu Rate ziehen.

Die Derwische, so heißt es da, richten sich nach einem als Sufismus bekannten System von Glaubensvorstellungen. Wenden wir uns nun an die Schriften von Fachgelehrten, so erfahren wir (und wieder hängt es davon ab, welche Autorität wir konsultieren), daß ihre Glaubensüberzeugungen aus Indien stammen oder aus dem Griechenland der Antike, daß sie sich vom Buddhismus herleiten, vom Christentum, Judentum oder Islam. Einige Orientalisten behaupten, Derwische seien, recht verstanden, Heiden, andere, sie würden nicht Gott, sondern den Menschen anbeten. Wieder andere sagen, daß sie der islamischen Glaubensrichtung der Sunna oder aber der Shia angehören.

Mit anderen Worten gesagt: Es herrscht keine geringe Verwirrung, und sehr wenige Menschen, sei es in der Welt der Gelehrten oder in anderen Kreisen, haben Untersuchungen angestellt, die so weitreichend und umfassend sind, daß sie befriedigend und zuverlässig feststellen können, welches dieser Etikette – wenn überhaupt – anwendbar ist.

Wir im Osten haben jedoch eine bestimmte Vorstellung von den Derwischen und vom Sufismus, die ihre eigenen Kategorien zu Rate zieht. Und diese sollte man vielleicht doch in Betracht ziehen, wenn man diese Literatur und ihre Art zu denken in irgendeiner Weise erforschen möchte. Als erstes sei festgehalten, daß der Derwisch, trotz irrtümlicher Meinungen, die ihren Ursprung bei Derwisch-Nachahmern im Osten haben, nicht der „vollkommene Mensch" der Mystiker ist. Dieser Ausdruck bleibt dem Sufi vorbehalten. Der Derwisch, so wie er in der reichen klassischen Literatur des Sufismus beschrieben wird, ist einer, der sich *bemüht*, ein Sufi zu werden. „Derwisch" ist der hierfür übliche Ausdruck. Das Wort „Derwisch" wird in der Umgangssprache auch für einen Menschen von gutherziger und schlichter Wesensart gebraucht: „Er ist ein wahrer Derwisch" bedeutet dann: „Er ist ein ehrenwerter Mann von hohen Grundsätzen".

Sufismus ist der Gattungsbegriff für das Studium und für die Erkenntnisse, nach denen der Derwisch strebt. Niemand hat das Recht, sich selber einen „Sufi" zu nennen. Dies aus demselben Grunde, aus dem mancher Christ nicht den Titel eines wahren Christen für sich beanspruchen würde, sondern lieber sagt, er hoffe, einer werden zu können.

Das Studium des Sufismus – sowohl im Osten als auch im Westen – bringt sehr große Mühen und Schwierigkeiten mit sich. Dies hat seine Ursache in einer Reihe von Umständen. Als allererstes ist vielleicht die Tatsache zu nennen, daß der Sufismus behauptet, dem Menschen sei eine direkte Wahrnehmung Gottes möglich. (Das

Wort „Sufismus" ist übrigens im Osten unbekannt. Es wurde von dem bedeutenden deutschen Gelehrten August Thöluck geprägt.*) So ist der Sufismus also eine Form der Mystik, und Mystiker haben immer in einer nicht eben einfachen Beziehung zur dogmatischen und lehrhaft fixierten Religion gestanden, – und dies vor allem im Bereich der jüdischen, christlichen und islamischen Religion. Ein weiterer gewichtiger Umstand, der vor allem für den Inhalt des vorliegenden Buches in Betracht kommt, liegt in der Tatsache, daß die Sufilehre nicht dogmatisch-inhaltlich oder ideologisch ist, sondern in ihrer Übermittlung ereignet sich *Wirkung*.

Dies bedeutet, daß der Sufi, wenn er gewisse Erfahrungen durchgemacht hat, – die ihm, so glaubt man, den Zugang zur letzten Wahrheit geschenkt haben –, sein Leben so lebt, und seine Lehren in einer Weise vorbringt, wie es in seiner Zeit, an seinem Ort und bei den Menschen, die ihm begegnen, erforderlich ist. Dies bedeutet außerdem, daß die Art wie er lehrt und die Lehre darstellt, sich nach den Möglichkeiten der Vermittlung richtet, nicht aber nach starr übernommenen Vorschriften aus alter Zeit. Das durch die Tradition überlieferte Material, wie eben die Derwischerzählungen, wird nur dann angewandt, wenn der Lehrer weiß, daß es sich erfolg-

---

* *August Thöluck, Ssufismus sive Theosophia Persarum Pantheistica (Berlin 1821)*

reich auswirken wird. Sie werden nicht, wie man gewöhnlich meint, einfach nur zur Unterhaltung oder Belehrung gebraucht.

Trotzdem dienen die Erzählungen, die Sie hier lesen werden, verschiedenen Zwecken. Als erstes nimmt man an, daß hierdurch diese Welt mit der höheren geistigen Welt verbunden wird. Daher enthalten sie, so meint man, Elemente, die es ermöglichen, daß sich unter geeigneten Umständen die Übertragung der Sufiweisheit ereignet. Ferner sind sie in so unterhaltender Form erzählt, daß ihr Weiterleben gesichert ist und man sie nicht vergißt, sondern immer wieder erzählt. Und schließlich haben sie auch auf der psychologischen und soziologischen Ebene ihre Wirksamkeit, auch ungeschulte Zuhörer spüren und bemerken etwas in ihnen. Dadurch kommen der Lehrer und der Schüler miteinander in Verbindung.

Nachdem dieser Vorgang die aktive Teilnahme des Lernenden erfordert, erfolgt die „Erklärung" der eigentlichen Bedeutung, die tiefer liegt als ihr allen sichtbarer Sinn, in keiner Weise so, daß dies durch Worte wiedergegeben werden könnte; die Erfahrung ereignet sich, und der Schüler wird dementsprechend auf eine Weise belehrt, die jenseits des relativ oberflächlichen Feldes der intellektuellen Aktivität liegt. Dies ist es, was – im Sinne des Sufismus – unter geistiger Erfahrung verstanden wird.

Außer den Lehrgeschichten gibt es viele andere Formen der Umwandlung bewirkenden Sufilehren: Poesie, die Haltung der Ritterlichkeit, gemeinschaftliches Studium, symbolische Systeme und so weiter – auch der Humor gehört dazu. Der letztere wird angewandt, um von gewissen verhärteten Denk- und Empfindungsweisen, verdrießlichen und intoleranten Neigungen, die leider manchmal bei angestrengtem Studium auftreten, zu befreien. Material, bei dem es um diese Besonderheit der Lehre geht, findet sich in meinem *„Mulla Nasrudin“* (Rowohlt Verlag, Reinbek bei Hamburg, 1975) und in meinem Buch über *„Die Sufis“* (Eugen Diederichs Verlag, Düsseldorf/Köln, 1976), wobei das letztere Werk ausführlichere Informationen darüber enthält, auf wie verschiedene Weise Sufigedanken im Verlauf der Jahrhunderte zum Ausdruck gebracht wurden.

Eine der Aussagen der Sufis, die viele Gelehrte und Lernende in Ost und West mächtig angezogen hat – die aber auch eine kleinere, allerdings lautstärkere Anzahl beunruhigt und verdrießt – ist die von den Sufis aufgestellte Behauptung, daß ihre geistigen Erfahrungen den Glaubensüberzeugungen aller wahren Religionen entsprechen. Die Religionen werden als Facetten der einen einzigen und umfassenden Wahrheit angesehen, wobei die offensichtlichen Unterschiede ihre Ursache in dem eigenen, durch die geographischen und geschichtlichen Umstände betonten Akzent haben.

Das beste Zeugnis dafür, wie das Wesen des Sufismus dem Theoretiker auch heute noch nicht faßlich und greifbar ist, mag in folgender kleinen aber aufschlußreichen Begebenheit sichtbar werden: Kürzlich war ich mit einem enthusiastischen Moslem zusammen, der behauptete, Sufis seien nichts anderes als „geheime Christen"; während ein recht bekannter Geistlicher mich gerade nachdrücklich davon hatte überzeugen wollen, Sufis seien nichts anderes als „heimliche Mohammedaner".

Betrachtet man die Literatur und die zunehmende Anzahl von Sufis, die sich diesen Titel selber zulegen – sie wuchern im Osten und im Westen, so kann man, bewahrt man eine überlegene Perspektive, unschwer erkennen, daß es noch eine gute Weile dauern wird, bis man wirklich bereit ist, die vielen Selbsttäuschungen und Mißverständnisse der selbsternannten Experten und Möchte-Gern-Sufis zu bereinigen. Zugleich sollte man sich daran erinnern, was der große Sufilehrer Jalaluddin Rumi mit folgenden Worten aussagte: „Falsches Gold wird nur darum hergestellt, weil es so etwas wie das wirkliche Gold tatsächlich gibt."

Für die hier vorgelegte und für die deutsche Ausgabe eigens zusammengestellte Sammlung „Das Geheimnis der Derwische. Geschichten der Sufimeister" haben wir bei der Auswahl und der Darstellung Sufi-Kriterien zugrundegelegt. Der außerordentliche Erfolg der Sammlung, die in zahlreichen Ausgaben und Übersetzungen erschienen ist, und die vielen Artikel und umfangreiche Korrespondenz, die sie angeregt haben, zeigt, daß sie doch weitgehend verstanden werden. Man sollte sich ihnen freilich ohne Vorurteile und mit offenem, fragenden Geist nahen.

Ich widme dieses Buch meinen Lehrern: Sie nahmen, was gegeben, und gaben, was man nicht nehmen kann.

Tunbridge Wells, Kent,
November 1981 *Idries Shah*

Die Geschichte von der Sandwüste

Ein Strom floß von seinem Ursprung in fernen Gebirgen durch sehr verschiedene Landschaften und erreichte schließlich die Sandwüste. Genauso wie er alle anderen Hindernisse überwunden hatte, versuchte der Strom nun auch, die Wüste zu durchqueren. Aber er merkte, daß – so schnell er auch in den Sand fließen mochte – seine Wasser verschwanden.

Er war jedoch überzeugt davon, daß es seine Bestimmung sei, die Wüste zu durchqueren, auch wenn es keinen Weg gab. Da hörte er, wie eine verborgene Stimme, die aus der Wüste kam, ihm zuflüsterte: „Der Wind durchquert die Wüste, und der Strom kann es auch."

Der Strom wandte ein, daß er sich doch gegen den Sand werfe, aber dabei nur aufgesogen würde; der Wind aber kann fliegen, und deshalb vermag er die Wüste zu überqueren.

„Wenn du dich auf die gewohnte Weise vorantreibst, wird es dir unmöglich sein, sie zu überqueren. Du wirst entweder verschwinden, oder du wirst ein Sumpf. Du mußt dem Wind erlauben, dich zu deinem Bestimmungsort hinüberzutragen."

Aber wie sollte das zugehen? „Indem du dich von ihm aufnehmen läßt."

Diese Vorstellung war für den Fluß unannehmbar. Schließlich war er noch nie zuvor aufgesogen worden. Er wollte keinesfalls seine Eigenart verlieren. Denn wenn man sich einmal verliert, wie kann man da wissen, ob man sich je wiedergewinnt.

„Der Wind erfüllt seine Aufgabe", sagte der Sand. „Er nimmt das Wasser auf, trägt es über die Wüste und läßt es dann wieder fallen. Als Regen fällt es hernieder, und das Wasser wird wieder ein Fluß."

„Woher kann ich wissen, ob das wirklich wahr ist?"

„Es ist so, und wenn du es nicht glaubst, kannst du eben nur ein Sumpf werden. Und auch das würde viele, viele Jahre dauern; und es ist bestimmt nicht dasselbe wie ein Fluß."

„Aber kann ich nicht derselbe Fluß bleiben, der ich jetzt bin?"

„In keinem Fall kannst du bleiben, was du bist", flüsterte die geheimnisvolle Stimme. „Was wahrhaft wesentlich an dir ist, wird fortgetragen und bildet wieder einen Strom. Heute wirst du nach dem genannt, was du jetzt gerade bist, doch du weißt nicht, welcher Teil deines Selbst der Wesentliche ist."

Als der Strom dies alles hörte, stieg in seinem Innern langsam ein Widerhall auf. Dunkel erinnerte er sich an einen Zustand, in dem der Wind ihn – oder einen Teil von ihm? War es so? – auf seinen Schwingen getragen hatte. Er erinnerte sich auch daran, daß *dieses*, und nicht das jedermann Sichtbare, das Eigentliche war, was zu tun wäre – oder tat er es schon?

Und der Strom ließ seinen Dunst aufsteigen in die Arme des Windes, der ihn willkommen hieß, sachte und leicht aufwärts trug und ihn, sobald sie nach vielen, vielen Meilen den Gipfel des Gebirges erreicht hatten, wieder sanft herabfallen ließ. Und weil er voller Be-Denken gewesen war, konnte der Strom nun in seinem Gemüte die Erfahrungen in allen Einzelheiten viel deutlicher festhalten und erinnern und davon berichten. Er erkannte: „Ja, jetzt bin ich wirklich ich selbst."

Der Strom lernte. Aber die Sandwüste flüsterte: „Wir wissen, weil wir sehen, wie es sich Tag für Tag ereignet: denn wir, die Sandwüste, sind immer dabei, das ganze Flußufer entlang bis hin zum Gebirge."

Und deshalb sagt man, daß der Weg, den der Strom des Lebens auf seiner Reise einschlagen muß, in den Sand geschrieben ist.

Diese schöne Geschichte wird in vielen Sprachen mündlich überliefert; bei den Derwischen und ihren Schülern wird sie immer wieder erzählt.

Sir Fairfax Cartwright hat sie in seinem 1899 in England veröffentlichten „Mystische Rose im Garten des Königs" verwendet.

Die vorliegende Fassung stammt von dem Tunesier, Awad Afifi, der 1870 gestorben ist.

Schuhetragen

Zwei fromme und angesehene Männer gingen zusammen in die Moschee. Der erste zog die Schuhe aus und stellte sie draußen vor der Türe ordentlich nebeneinander. Der andere Mann zog seine Schuhe ebenfalls aus, legte sie Sohle an Sohle und nahm sie mit in die Moschee.

In einer Gruppe ebenfalls frommer und angesehener Leute, die vor der Türe saßen, kam es nun zum Streit darüber, welcher dieser beiden Männer denn der bessere sei. „Wenn man schon barfuß in die Moschee eintritt, ist es da nicht besser, seine Schuhe draußen zu lassen?" fragte der eine. „Aber sollten wir nicht bedenken, daß jener, der die Schuhe mit in die Moschee nahm, indem er sie in der Hand trägt, daran denkt, daß er im Stande wahrer Demut ist?" sagte ein anderer.

Als die beiden Männer nach dem Gebet wieder herauskamen, fügte es sich, daß beide, getrennt voneinander, von verschiedenen Parteien der Zuschauer befragt wurden.

Der erste Mann sagte: „Ich ließ meine Schuhe aus dem üblichen Grunde draußen: Wenn irgend jemand sie stehlen möchte, hat er Gelegenheit, der Versuchung zu widerstehen und so Verdienst für sich zu erwerben."

Die Zuhörer waren sehr beeindruckt von der hohen Gesinnung eines Mannes, dem sein Besitz so wenig galt, daß er ihn bereitwillig dem Schicksal anvertraute, wie es auch sein mochte.

Zu gleicher Zeit sagte der zweite Mann: „Ich nahm meine Schuhe mit in die Moschee, weil sie für irgend jemanden eine Versuchung zum Stehlen hätten bedeuten können, wenn ich sie draußen gelassen hätte. Wer immer dieser Versuchung nachgegeben hätte, würde mich zu seinem Mitschuldigen in der Sünde gemacht haben.“ Die Zuhörer waren sehr beeindruckt von dieser Frömmigkeit und bewunderten die Besonnenheit des Weisen.

Jedoch noch ein anderer Mann hatte etwas zu sagen, ein Mann der Weisheit auch er: „Während ihr beiden Männer in eure bewundernswerten Gefühle vertieft ward und euch in bloßen Beispielen geschult habt, haben sich gewisse *wirkliche* Dinge ereignet.“

„Welche denn?“ fragte die Menge.

„Niemand wurde durch die Schuhe in Versuchung geführt. Und niemand wurde durch die Schuhe nicht in Versuchung geführt. Der theoretische Sünder ist nicht gekommen. Statt dessen ist ein ganz anderer Mann in die Moschee gegangen, einer, der überhaupt keine Schuhe hatte und sie deshalb auch nicht mit sich hineinnehmen oder draußen stehen lassen konnte. Niemand hat sein Benehmen bemerkt. Er dachte nicht an irgendeinen Eindruck, den er auf Leute, die ihn sahen oder nicht sahen, machen könnte. Aber durch seine wahre Aufrichtigkeit haben seine Gebete in der Moschee heute auf die direkteste Weise allen denkbaren Dieben geholfen, die Schuhe stehlen könnten oder nicht stehlen könnten, oder sich bessern könnten, indem sie der Versuchung widerstehen.“

Siehst du immer noch nicht: auch wenn die rein gedankliche Übung der Selbsterkenntnis hervorragend ist, so ist sie doch blaß und schwach gegen die Erkenntnis eines wahren Mannes der Weisheit.

Diese Geschichte wird oft zitiert, sie stammt aus den Lehren des Khilwata Ordens („Einsiedler"), der von Omar Khilwati – gestorben 1397 – gegründet wurde. Diese unter Derwischen weit verbreitete Thematik will zeigen, daß diejenigen, die gewisse innere Qualitäten entwickelt haben, auf die menschliche Gesellschaft eine weit größere Wirkung ausüben, als diejenigen, die nur nach moralischen Grundsätzen zu handeln versuchen. Die ersteren werden „Der wahre Mensch des Handelns" genannt, und die letzteren „Jene, die nicht wissen, aber so tun, als ob sie wüßten".

Der Mann mit dem unerklärlichen Leben

Es war einmal ein Mann mit Namen Mojud. Er lebte in einer Stadt, in der er eine Stellung als kleiner Beamter bekommen hatte, und es sah so aus, als würde er seine Tage als Inspektor für Maße und Gewichte beenden.

Als er nun eines Tages in den Gärten eines alten Anwesens, in der Nähe seinen Hauses, spazierenging, erschien ihm Khidr, der geheimnisvolle Führer der Sufis, in schimmerndes Grün gekleidet. Khidr sagte: „Du bist ein Mann, der gute Aussichten hat! Laß deine Arbeit und komm in drei Tagen ans Flußufer, wo du mich treffen wirst." Und damit verschwand er.

Mojud ging zitternd vor Aufregung zu seinem Vorgesetzten und sagte, er müsse fortgehen. Bald hörten alle in der Stadt davon und sagten: „Armer Mojud! Er ist verrückt geworden." Da es jedoch viele Anwärter auf seinen Posten gab, vergaßen sie ihn bald.

An dem vereinbarten Tag traf Mojud Khidr, der zu ihm sagte: „Zerreiß deine Kleider und wirf dich in den Fluß. Vielleicht wird dich jemand retten."

Mojud, obgleich er sich selber fragte, ob er denn verrückt sei, tat es.

Da er schwimmen konnte, ertrank er nicht. Er trieb aber eine weite Strecke dahin, bis ein Fischer ihn in sein Boot zog. „Du Narr", sagte er, „die Strömung ist stark. Was treibst du da? Was hast du vor?"

Mojud sagte: „Ich weiß es eigentlich selber nicht."

„Du bist verrückt", sagte der Fischer, „aber ich nehme dich mit in meine Schilfhütte drüben am Fluß, und wir wollen sehen, was man für dich tun kann."

Als er merkte, daß Mojud gut lesen und schreiben konnte, lernte er es von ihm. Dafür erhielt Mojud zu essen und half dem Fischer bei der Arbeit. Nach einigen Monaten erschien Khidr wieder, diesmal am Fußende von Mojuds Bett, und sagte: „Steh sofort auf und verlaß den Fischer. Es wird für dich gesorgt."

Als Fischer gekleidet verließ Mojud unverzüglich die Hütte und wanderte umher, bis er auf eine Landstraße kam. Als der Tag anbrach, sah er einen Bauern, der auf seinem Esel unterwegs zum Markte war. „Suchst du Arbeit?" fragte der Bauer. „Denn ich brauche einen Mann, der mir hilft, die Einkäufe nach Hause zu bringen."

Mojud ging mit ihm. Er arbeitete fast zwei Jahre für den Bauern und lernte in dieser Zeit manches in der Landwirtschaft, doch sonst nicht viel mehr.

Als er eines nachmittags Wolleballen schnürte, erschien ihm Khidr und sagte: „Verlaß die Arbeit, geh in die Stadt Mosul und verwende deine Ersparnisse, um Pelzhändler zu werden."

Mojud gehorchte.

In Mosul wurde er ein bekannter Pelzhändler. Während er drei Jahre lang fleißig seinen Handel betrieb, bekam er Khidr nicht zu Gesicht. Er hatte eine ziemlich große Geldsumme gespart und dachte daran, sich ein Haus zu kaufen, als Khidr erschien und sagte: „Gib mir dein Geld, verlaß diese Stadt, geh nach Samarkand und arbeite dort für einen Krämer." Mojud tat wie ihm geheißen.

Bald darauf wurden eindeutige Zeichen der Erleuchtung an ihm sichtbar. Er heilte Kranke, diente seinen Mitmenschen im Laden und während seiner freien Zeit, und seine Erkenntnis der Mysterien wurde immer tiefer.

Geistliche, Philosophen und manche andere Leute besuchten ihn und fragten: „Bei wem hast du studiert?"

„Schwer zu sagen", antwortete Mojud.

Seine Schüler fragten: „Wie hast du deine Laufbahn begonnen?"

Er sagte: „Als kleiner Beamter."

„Und du hast das aufgegeben, um dich dem Pfad der Selbstverleugnung zu weihen?"

„Nein, ich habe es einfach nur aufgegeben."

Sie verstanden ihn nicht.

Es kamen Leute zu ihm, die seine Lebensgeschichte schreiben wollten. „Was bist du in deinem Leben alles gewesen?" fragten sie.

„Ich sprang in einen Fluß, wurde ein Fischer und verließ dann mitten in der Nacht die Schilfhütte. Dann wurde ich Landarbeiter. Als ich gerade Wolleballen zusammenband, veränderte ich mich und ging nach Mosul, wo ich Pelzhändler wurde. Dort sparte ich etwas Geld und gab es weg. Dann ging ich nach Samarkand, wo ich für einen Krämer arbeitete. Und eben da bin ich jetzt."

„Aber dieses unerklärliche Benehmen wirft kein Licht auf deine erstaunlichen Gaben und die wunderbaren Geschehnisse", sagten die Schreiber.

„So ist es", sagte Mojud.

Da entwarfen die Biographen eine wundervolle und aufregende Lebensgeschichte von Mojud; denn alle Heiligen müssen ihre Geschichte haben, und die Geschichte muß in Einklang mit dem Geschmack der Zuhörer stehen, nicht aber mit dem tatsächlichen Leben.

Und niemand darf direkt von Khidr sprechen. Darum ist diese Geschichte auch nicht wahr. Es ist eine Schilderung eines Lebens. Und es ist das wirkliche Leben eines der bedeutendsten Sufis.

Sheikh Ali Farmadhi (gestorben 1078) hielt diese Geschichte zur Veranschaulichung jener Sufiüberzeugung für wichtig, nach der die „unsichtbare Welt" zu jeder Zeit und an verschiedenen Orten die gewöhnliche Wirklichkeit wechselseitig durchdringt.

Dinge, so sagt er, die wir für unerklärlich halten, werden tatsächlich durch dieses Eingreifen verursacht. Außerdem bemerken die Menschen nicht, wie diese „Welt" an unserer eigenen teilhat, weil sie meinen, die wahren Ursachen der Ereignisse zu kennen. Sie kennen sie nicht. Aber diese Dimension kann für sie nur Geltung besitzen, wenn sie sich die Vorstellung davon bewahren können, daß ein gelegentliches Einwirken aus einer anderen Dimension auf die gewöhnlichen Erfahrungen möglich ist.

Der Sheikh ist der zehnte Sheikh und Lehrmeister der Khwajagan („Meister"), später als Naqshibandi-Pfad bekannt.

Diese Fassung stammt aus einem Manuskript des Lala Anwar, „Hikayat-i-Abdalan" („Geschichten der Verwandelten"), aus dem 17. Jahrhundert.

Drei gute Ratschläge

Einst fing ein Mann einen Vogel. Der Vogel sagte zu ihm: „Als Gefangener habe ich keinen Wert für dich. Aber wenn du mich freiläßt, so will ich dir drei wertvolle gute Ratschläge geben."

Der Vogel versprach, den ersten guten Rat zu

erteilen, solange er noch in der Gewalt des Mannes war, den zweiten, wenn er auf einen Zweig geflogen sei, den dritten, nachdem er den Gipfel eines Berges erreicht hätte.

Der Mann war einverstanden und wollte den ersten guten Rat wissen.

Der Vogel sagte: „Wenn du etwas verlierst, selbst wenn du es so sehr schätzt wie das Leben selber, – beklage es nicht."

Nun gab der Mann den Vogel frei, und er hüpfte auf einen Zweig.

Und dann gab er den zweiten guten Rat:

„Glaube nie etwas, was der Vernunft widerspricht, ohne es zu prüfen."

Dann flog der Vogel auf den Gipfel des Berges. Von hier aus sagte er: „O Unglücklicher! In mir befinden sich zwei riesige Juwelen, und du hättest mich nur töten müssen, um in ihren Besitz zu gelangen."

Der Mann grämte sich um das, was er verloren hatte, aber er sagte: „Gib mir nun wenigstens den dritten guten Rat."

Der Vogel antwortete: „Was für ein Narr du bist, mich nach noch mehr guten Ratschlägen zu fragen, nachdem du die beiden ersten nicht befolgt hast! Ich sagte dir, du solltest dir keinen Kummer um das machen, was verloren ist, und nichts glauben, was der Vernunft widerspricht. Nun tust du aber beides. Du glaubst etwas Lächerliches und grämst dich, weil du etwas verloren hast! Ich bin nicht so groß, daß sich riesige Juwelen in mir befinden könnten. Du bist ein

Narr. Darum mußt du in der gewöhnlichen, dem Menschen auferlegten Beschränkung weiterleben."

In Derwischkreisen gilt diese Geschichte als von besonders großer Bedeutung für die Sensibilisierung der Gemüts- und Gedankenkräfte des Schülers; sie bereitet ihn auf Erfahrungen vor, die nicht auf gewöhnliche Weise ans Licht gebracht werden können.

Die Sufis verwenden diese Geschichte häufig. Man findet sie jedoch auch im „Mathnavi", dem klassischen Werk Rumis. Auch im „Göttlichen Buch" des Attar, einem Lehrer Rumis, kommt sie vor. Attar und Rumi lebten im 13. Jahrhundert.

„Schlag' auf diese Stelle!"

Dhun-Nun, der Ägypter, zeigt in einem Gleichnis anschaulich, wie er das in den Pharaonischen Inschriften verborgene Wissen erlangte.

Es gab da eine Statue mit ausgestrecktem Zeigefinger, auf dem folgende Inschrift stand: „Schlag' auf diese Stelle, um der Schätze willen!" Der Ursprung war unbekannt, aber Generationen von Menschen hatten auf die durch die Inschrift bezeichnete Stelle geklopft. Da sie aber aus allerhärtestem Stein war, hinterließ das kaum eine Spur, und ihre Bedeutung blieb verborgen.

Vertieft in die Betrachtung der Statue, bemerkte Dhun-Nun eines Tages genau zur Mittagsstunde, daß der *Schatten* des ausgestreckten Fingers, den man all die Jahrhunderte hindurch nicht beachtet hatte, einem Strich in der Pflasterung auf dem Boden unter der Statue entsprach.

Er markierte die Stelle, um eben hier mit Hilfe eines Stemmeisens die Steinplatte abzulösen. Sie war tatsächlich die Falltür an der Decke einer unterirdischen Höhle, in der sich fremdartige Handwerksgeräte befanden. Aus ihnen konnte Dhun-Nun das seit langem verlorene Wissen ihrer Anwendung ableiten. Dadurch erwarb er nicht nur die Schätze, sondern auch die praktischen Kenntnisse, die dazu gehörten.

Beinahe dieselbe Geschichte hat Papst Sylvester II. erzählt, der im 10. Jahrhundert arabische Gelehrsamkeit, einschließlich der Mathematik, aus Sevilla mitbrachte.

Gerbert (so wie er ursprünglich hieß) war, wie behauptet wird, ein Magier von hohem technischen Können, der „mit einem Philosophen der sarazenischen Sekte zusammenwohnte". Es ist so gut wie sicher, daß er durch ihn diese Sufigeschichte kennenlernte.

Es heißt, sie sei von dem 634 gestorbenen Kalifen Abu-Bakr überliefert worden.

Das Wasser des Paradieses

Harith, der Beduine, und sein Weib Nafis führten ein Wanderleben und schlugen ihr geflicktes Zelt da auf, wo sich auch nur ein paar Dattelpalmen fanden, ein wenig struppige Weide für ihre

Kamele oder ein Tümpel mit brackigem Wasser. So hatten sie viele Jahre gelebt, und Harith tat alle Tage fast immer dasselbe: Wegen ihres Felles fing er Wüstenratten und drehte Seile aus Palmfasern, um sie an vorbeiziehende Karawanen zu verkaufen.

Eines Tages jedoch entsprang in der Sandwüste eine neue Quelle, und Harith schöpfte ein wenig Wasser und trank es. Er meinte, es sei bestimmt das Wasser des Paradieses, denn es war viel weniger faul als jenes, das er für gewöhnlich zu trinken bekam. Wir allerdings hätten es widerlich salzig gefunden. „Dies", so sagte er, „muß ich jemandem bringen, der es zu schätzen weiß."

So machte er sich auf nach Bagdad und zum Palast des Haroun el-Raschid, und er rastete unterwegs nicht länger als er brauchte, um ein paar Datteln zu kauen. Harith hatte zwei Ziegenbälge mit Wasser dabei: einen für sich selbst, den anderen für den Kalifen.

Nach einigen Tagen erreichte er Bagdad und begab sich direkt zum Palast. Die Wachen hörten sich seine Geschichte an, und nur weil es Vorschrift ist, ließen sie ihn bei der öffentlichen Audienz des Haroun zu.

„Führer der Gläubigen", sagte Harith, „ich bin ein armer Beduine und kenne alle Gewässer der Wüste, auch wenn ich sonst wohl wenig von anderen Dingen weiß. Ich habe soeben dieses ‚Wasser des Paradieses' entdeckt, und als ich erkannte, daß dies eine passende Gabe für dich ist, bin ich sogleich hergekommen, um es dir darzubringen."

Haroun, der Redliche, versuchte das Wasser und, weil er seine Leute kannte, befahl er den Wachen, Harith fortzuführen und für eine Weile in Gewahrsam zu nehmen, bis er über ihn beschlossen habe.

Später rief er den Hauptmann der Wache und sagte: „Was für uns ein Nichts, ist für ihn alles. Bringe ihn daher bei Nacht aus dem Palast. Laß ihn nicht den mächtigen Tigrisfluß sehen. Geleite ihn bis zu seinem Zelt, ohne ihm zu gestatten, süßes Wasser zu versuchen. Sodann gib ihm tausend Goldstücke und meinen Dank für seinen Dienst. Sage ihm, daß er der Wächter des Paradieswassers ist und daß er es in meinem Namen für alle Reisenden verwaltet und es ihnen unentgeltlich austeilt."

Diese Geschichte ist auch bekannt als „Die Geschichte von den zwei Welten". Ihr Gewährsmann ist Abu al-Atahiyya vom Stamm der Aniza. Er ist ein Zeitgenosse des Haroun el-Raschid und Gründer des Ordens der Maskhara- Derwische („Nachtschwärmer"), deren Name in westlichen Sprachen als „Mascara" überliefert wurde. Man findet die Spuren seiner Anhänger in Spanien, Frankreich und anderen Ländern.

El-Atahiyya, der 828 starb, wurde der „Vater der arabischen heiligen Dichtkunst" genannt.

Als das Wasser ausgetauscht wurde

Einst wandtc sich Khidr, der Lehrer des Mose, mit einer Warnung an die Menschheit. An einem bestimmten Tage, so sagte er, werde alles Wasser der Welt, das nicht auf eine bestimmte Weise gesammelt wurde, verschwinden. Es werde dann jedoch durch ein anderes Wasser ersetzt, das den Menschen verrückt macht.

Nur ein einziger Mann erkannte die Bedeutung dieses Rats und ging daran, ihn zu befolgen. Er sammelte Wasser, lagerte es an einem sicheren Ort und wartete darauf, daß das Wasser sich verändere.

Zur angekündigten Frist hörten die Flüsse auf zu fließen und die Brunnen trockneten aus. Als der Mann, der gehorcht hatte, sah, wie sich dies alles ereignete, ging er zu der geheimen Stätte und trank von dem Wasser, das er gerettet hatte.

Von der sicheren Zuflucht aus bemerkte er, daß die Wasserfälle wieder zu strömen begannen, und er stieg zu den anderen Menschenkindern hinab. Der Mann stellte fest, daß sie völlig anders dachten und sprachen als früher. Sie erinnerten sich weder an das, was sich zugetragen hatte noch daran, daß sie gewarnt worden waren. Als er versuchte, mit ihnen zu sprechen, mußte er feststellen, daß sie ihn für verrückt hielten. Auch zeigten sie sich ihm gegenüber feindselig oder mitleidig, oder sie verstanden ihn nicht.

Anfangs trank er nicht von dem neuen Wasser, sondern kehrte jeden Tag zu seinem Versteck zurück, um sich zu versorgen. Indessen entschloß er sich am Ende doch, von dem neuen Wasser zu trinken, weil er die Einsamkeit nicht mehr ertragen konnte, dieses Leben, in dem er sich anders benahm und so anders dachte als alle anderen. Er trank das neue Wasser und wurde genauso wie die anderen Menschen. Da vergaß er schließlich auch völlig den eigenen geheimen Wasservorrat, und seine Mitmenschen betrachteten ihn bald als einen, der verrückt gewesen war, aber auf wunderbarer Weise seine geistige Gesundheit wieder erlangt hatte.

Die Überlieferung bringt Dhun-Nun, den Ägypter (gestorben 860 n. Chr.), den berühmten Autor dieser Geschichte, häufig mit einem Zweig der Freimaurerei in Verbindung. Sicher ist Dhun-Nun jedenfalls die früheste Gestalt in der Geschichte des Malamati Derwischordens, von dem Gelehrte des Westens oft sagen, er habe auffallende Ähnlichkeit mit dem Handwerk der „Maurer". Von Dhun-Nun wird gesagt, er habe die Bedeutung der Pharaonischen Hieroglyphen wiederentdeckt.

In der vorliegenden Form wird diese Geschichte Sayed Sabir Ali-Shah, einem Heiligen des Chisthi Ordens, zugeschrieben, der 1818 starb.

Der Narr in der Großstadt

Es gibt verschiedene Arten des Erwachens. Aber nur eine ist die richtige. Der Mensch schläft, aber er muß auf die richtige Weise aufwachen.

Hier die Geschichte eines Unwissenden, der auf die falsche Weise aufwachte:

Dieser Narr kam in eine große Stadt und war von den vielen Menschen in den Straßen verwirrt. Er hatte Angst, daß er sich, wenn er einschlafen würde, beim Erwachen unter so viel Menschen nicht mehr selber wiederfände. Darum band er einen Kürbis ans Fußgelenk, um sich wiedererkennen zu können.

Ein gewitzter Spaßmacher, der verstand, was hier vorging, wartete, bis der Narr schlief. Dann band er den Kürbis ab und befestigte ihn an seinem eigenen Bein. Und auch er legte sich auf dem Boden der Karawanserei zum Schlafen nieder.

Der Narr erwachte als erster und sah den Kürbis. Zunächst dachte er, daß er selber der andere Mann sein müsse. Dann aber beschimpfte er den anderen und rief: „Wenn du ich bist: – dann – um Himmels willen – wo und wer bin denn ich?"

Diese Geschichte taucht auch in der Sammlung der Späße des Meisters Nasrudin auf, die man in ganz Zentralasien kennt. Sie wird überliefert in dem bedeutenden klassischen Werk „Salaman und Absal" des Mystikers Abdur-Rahman Jami, einem Autor des 15. Jahrhunderts. Er kam von jenseits des Oxus und starb in Herat als eine der bedeutendsten Persönlichkeiten der persischen Literatur.

Jami erregte bei den Theologen erheblichen Anstoß, weil er kein Blatt vor den Mund zu nehmen pflegte, vor allem aber auch, weil er sagte, daß er nur seinen eigenen Vater als seinen Lehrer anerkenne.

So entstand eine Tradition

Es war einmal eine Stadt, die aus zwei parallel laufenden Straßen bestand. Ein Derwisch ging von der einen Straße in die andere hinüber, und als er dort ankam, sahen die Leute, daß er Ströme von Tränen vergoß. Da rief einer: „In der anderen Straße muß irgend jemand gestorben sein!" Und sogleich hatten alle Kinder ringsum den Ruf aufgenommen.

Was aber hatte sich tatsächlich ereignet? Der Derwisch hatte Zwiebeln geschält.

Kurze Zeit danach hatte das Geschrei auch die erste Straße erreicht, und die Erwachsenen beider Straßen waren so betrübt und so bange – waren die Leute der beiden Straßen doch untereinander verwandt –, daß sie nicht nachzufragen wagten, was die Ursache für all die Aufregung sei.

Ein weiser Mann versuchte, den Leuten der beiden Straßen vernünftig zuzureden, und er fragte: „Warum sprecht ihr denn nicht miteinander?" Sie aber waren so verwirrt, daß sie selber nicht mehr wußten, was sie sagten, und einige meinten: „Nach allem, was wir wissen, ist in der anderen Straße eine furchtbare Seuche ausgebrochen."

Auch dieses Gerücht verbreitete sich wie ein Lauffeuer, bis schließlich sowohl das Volk der einen als auch das der anderen Straße von dem anderen meinte, es sei dem Verderben, ja sogar dem Untergang geweiht.

Nachdem Ruhe und Ordnung einigermaßen wieder hergestellt waren, entschlossen sich die beiden Völker auszuwandern, um sich zu retten. So geschah es, daß sowohl die eine als auch die andere Seite der Stadt vollkommen geräumt wurde.

Heute, Jahrhunderte später, ist die Stadt noch immer verlassen; und nicht weit davon entfernt stehen zwei Dörfer. Jedes hat seine eigene Überlieferung, die davon berichtet, wie es geschah, daß sie in ferner Zeit dank einer glücklichen Flucht aus einer durch namenloses Unheil dem Untergang geweihten Stadt entkamen und sich neu ansiedelten.

Die Sufis behaupten in ihren psychologischen Lehren, daß die übliche Art, Wissen zu verbreiten, einer so starken Entstellung durch Eingriffe und falsche Erinnerung unterliegt, daß sie nicht als Ersatz für die direkte Wahrnehmung gelten kann.

„So entstand eine Tradition" ist eine Geschichte über die Subjektivität des menschlichen Verstandes. Sie stammt aus dem Lehrbuch Asrar-i-Khilwatia („Geheimnisse der Einsiedler") des Sheikh Qalandar Shah des Suhrawardi Ordens; er ist 1832 gestorben. Sein Schrein befindet sich in Lahore in Pakistan.

Die Pforten des Paradieses

Es war einmal ein guter Mensch. Er hatte sein ganzes Leben damit zugebracht, all die Tugenden zu entfalten, die jenen aufgetragen sind, die das Paradies erreichen möchten. Großzügig gab er den Armen, er liebte seine Mitmenschen und diente ihnen. Im Gedanken daran, wie notwendig Geduld ist, ertrug er oft um anderer willen große und unerwartete Mühsal. Auf der Suche nach Erkenntnis machte er Reisen. Seine Demut und sein beispielhaftes Verhalten ließen seinen Ruf als weiser Mann und guter Bürger vom Osten bis zum Westen, vom Norden bis zum Süden widerhallen.

All diese Tugenden übte er tatsächlich aus – wann immer er daran dachte. Aber er hatte eine Schwäche, und das war die Unachtsamkeit. Diese Neigung war nicht stark in ihm, und er meinte, daß sie, wenn man sie gegen all das Gute, was er tat, aufwöge, nur als kleiner Fehler gelten könne. Es gab da ein paar arme Leute, denen er nicht half, weil er bisweilen unempfindlich war für ihre Nöte. Auch die Liebe und das Dienen wurden manchmal vergessen, wenn das, was er als rechtmäßige persönliche Ansprüche oder doch zumindest als berechtigte Wünsche ansah, in ihm an die Oberfläche drang und Oberhand gewann in seinen Entscheidungen und in dem, was er tat.

Er liebte den Schlaf; und manchmal, wenn er schlief, gingen Gelegenheiten ungenutzt vorüber, bei denen er Erkenntnis suchen oder Einsicht gewinnen, Demut üben oder die Summe seines guten Betragens noch um ein Gutes hätte vergrößern können. Und diese Gelegenheiten kamen nicht wieder.

Genauso wie die guten Eigenschaften ihre

Spuren in seinem Wesen hinterließen, so auch die Eigenschaft der Unachtsamkeit.

Und dann starb er. Wie er sich nun jenseits dieses Lebens wiederfand und auf den Weg zu den Toren des „Ummauerten Gartens" begab, hielt er inne und prüfte sein Gewissen. Und er fand, daß er ausreichend Aussicht habe, durch die „Hohen Tore" eintreten zu dürfen.

Er sah, daß die Pforten geschlossen waren, und dann wandte sich eine Stimme an ihn und sagte: „Sei achtsam! Denn die Pforten werden alle hundert Jahre nur einmal geöffnet." Er ließ sich nieder und wartete voller Spannung. Aber ohne die Möglichkeit, seine Tugenden gegenüber der Menschheit auszuüben, fand er, daß die bloße Achtsamkeit für einen Mann wie ihn doch zu wenig sei. Nachdem er eine Zeit, die ihm so lang wurde, als sei es ein Jahrhundert, gewartet hatte, wurde er schläfrig. Für einen einzigen Augenblick schlossen sich seine Augenlider. Und in diesem unendlich winzigen Augenblick taten die Pforten sich weit auf.

Noch ehe er die Augen wieder ganz geöffnet hatte, schlossen sich die Tore schon wieder unter donnerndem Getöse, laut genug, Tote zu erwecken.

Dies ist eine besonders beliebte Lehrgeschichte der Derwische; manchmal taucht sie unter dem Titel „Das Gleichnis von der Unachtsamkeit" auf. Auch als Volkserzählung ist sie gut bekannt, aber ihr Ursprung ist vergessen. Einige haben sie Hazrat Ali zugeschrieben, dem Vierten Kalifen. Andere sagen, sie sei so bedeutend, daß sie sich auf geheimnisvolle Weise vom Propheten selber herleite. Allerdings steht fest, daß sie sich in keiner der bezeugten „Traditionen des Propheten" findet.

Die dichterische Form, in der sie hier wiedergegeben ist, stammt aus den Werken Amil-Babas, eines kaum bekannten Derwisches des 17. Jahrhunderts, in dessen Schriften behauptet wird, daß der „wahre Autor derjenige sei, dessen Werk anonym ist; denn auf diese Weise steht niemand zwischen dem Lernenden und dem, was gelernt werden soll."

Der König, der sich entschloß, edelmütig zu sein

Es war einmal ein König von Persien, der sagte zu einem Derwisch: „Erzähle mit eine Geschichte!"

Der Derwisch antwortete: „Euer Majestät, ich werde Euch die Geschichte von Hatim Tai, dem arabischen König erzählen, dem edelmütigsten Manne aller Zeiten; denn wenn Ihr sein könntet wie er, so wäret Ihr in der Tat der erhabenste lebende König."

„So sprich!" sagte der König. „Aber wenn du mich nicht zufriedenstellst und meinen Edelmut geschmäht hast, kostet es dich den Kopf." Er sprach in diesem Tone, weil es in Persien bei Hofe Sitte ist, dem Monarchen zu sagen, er besäße unter allen Königen in der ganzen Welt, in Vergangenheit, Gegenwart und Zukunft, die alleraußerordentlichsten Tugenden.

„Höre weiter", sagte der Derwisch in der Art

der Derwische (die man nicht leicht entmutigen kann). „Hatim Tais Großmut und Edelmut übertraf, laut Urkunden und im Geiste, die aller anderen Menschen.“

Und dies ist die Geschichte, die der Derwisch erzählte: „Ein anderer arabischer König trachtete nach den Besitztümern, den Dörfern und Oasen, sowie den Kamelen und Soldaten des Hatim Tai. Darum erklärte er Hatim den Krieg und sandte ihm einen Botschafter mit der Aufforderung: „Ergib dich, andernfalls werde ich – das ist gewiß – dich und dein Land überrennen und mich in den Besitz deines Throns bringen.“

Als diese Botschaft den Hof Hatims erreichte, schlugen die Ratgeber sogleich vor, man solle die Krieger zur Verteidigung des Königreiches einberufen; sie sagten: „Unter all deinen Gefolgsleuten ist bestimmt nicht ein einziger gesunder Mann oder eine einzige gesunde Frau, die nicht mit Freuden ihr Leben für die Verteidigung unseres geliebten Königs geben werden.“

Aber entgegen der Erwartung des Volkes sagte Hatim: „Nein, statt daß ihr auszieht und euer Blut für mich vergießt, werde ich fliehen. Ich würde den Pfad des Edelmutes weit verfehlen, wenn ich schuld daran wäre, daß das Leben auch nur eines einzigen Mannes oder einer einzigen Frau geopfert würde. Wenn ihr euch friedlich ergebt, wird dieser König sich mit euren Diensten und Steuern begnügen, und ihr werdet keinen materiellen Verlust erleiden. Wenn ihr aber auf die übliche kriegerische Weise Widerstand leistet, ist er berechtigt, eure Besitztümer als Kriegsbeute zu betrachten, und wenn ihr den Krieg verliert, seid ihr bettelarm."

Nach diesen Worten nahm er nichts weiter als einen handfesten Stock und wanderte in die nahegelegenen Berge, wo er eine Höhle fand und in tiefe Kontemplation versank.

Ein Teil des Volkes war tief beeindruckt davon, daß der König Reichtum und Macht ihretwegen geopfert hatte. Jedoch andere, vor allem solche, die sich gerne einen Namen auf dem Felde der Ehre erworben hätten, murrten: „Wer sagt uns, daß dieser Mann nicht einfach nur ein Feigling ist?" Und wieder andere, die nicht viel Mut hatten, murrten gegen ihn und sagten: „Eigentlich ist es so, daß er sich selber gerettet hat, und uns hat er einem unbekannten Schicksal überlassen. Vielleicht müssen wir die Sklaven dieses fremden Königs werden, der nach allem doch ein großer Tyrann zu sein scheint; hat er doch uns, seinen Nachbarn, den Krieg erklärt."

Wiederum andere, die nicht wußten, was sie von all dem halten sollten, verhielten sich ruhig, bis die Umstände es ihnen erlauben würden, sich eine Meinung zu bilden.

Und so geschah es, daß der tyrannische König, begleitet von seinen prächtigen Heerscharen, Hatim Tais Reich in Besitz nahm. Er erhöhte die Steuern nicht, er maßte sich nicht an, mehr vom Volk für sich selber zu beanspruchen als Hatim – zum Ausgleich dafür, daß er ihr Beschützer und der Verwalter des Rechts war – genommen hatte.

Eines jedoch störte den neuen Herren: Er hörte munkeln, daß er sich zwar in Besitz eines neuen Reiches gesetzt habe, dies aber doch nur Hatim Tai verdanke, der es ihm durch eine Tat des Edelmuts überlassen habe, – denn das war es, was einige Leute sagten.

„Ich kann erst dann der wahre Herr dieses Landes sein“, so erklärte der Tyrann, „wenn ich Hatim Tai selbst gefangengenommen habe. Solange er lebt, bleibt ihm ein Teil des Volkes im Herzen treu. Das bedeutet, daß sie mir nicht völlig untertan sind, auch wenn sie sich nach außen hin so verhalten als ob sie es seien.“

So gab er einen Erlaß heraus, wonach derjenige, der ihm Hatim Tai bringen würde – wer es auch sei – zur Belohnung fünftausend Goldstükke erhalte. Hatim Tai wußte nichts davon bis zu dem Tage, an dem er vor seiner Höhle saß und das Gespräch zwischen einem Holzfäller und seinem Weib mit anhörte.

Der Holzfäller sagte: „Mein liebes Weib, ich bin jetzt alt, und du bist viel jünger als ich. Wir haben kleine Kinder, und nach der natürlichen Ordnung der Dinge muß ich damit rechnen, vor dir zu sterben, solange unsere Kinder noch klein sind. Wenn wir nur Hatim Tai finden und fangen könnten, wofür von dem neuen König eine Belohnung von fünftausend Goldstücken ausgesetzt ist, wäre deine Zukunft gesichert.“

„Schäme dich!“ sagte das Weib. „Besser wäre es, du würdest sterben, und ich und unsere Kinder würden hungern, als daß wir unsere Hände mit dem Blute des edelmütigsten Mannes aller Zeiten, der alles um unsretwillen geopfert hat, beflecken."

„Das ist alles gut und schön", sagte der alte Mann, „aber der Mensch muß an seinen eigenen Vorteil denken. Schließlich trage ich die Verantwortung. Und auf jeden Fall gibt es jeden Tag mehr Leute, die glauben, daß Hatim ein Feigling sei. Es ist nur eine Frage der Zeit, und sie haben alle nur möglichen Schlupfwinkel durchsucht und ihn gefunden."

„Der Glaube an Hatims Feigheit wird angefacht durch die Liebe zum Gold. Wenn noch länger auf diese Weise geklatscht und gehechelt wird, hat Hatim umsonst gelebt."

Da stand Hatim Tai auf und gab sich dem erstaunten Paar zu erkennen. „Ich bin Hatim Tai", sagte er, „bringt mich zu dem neuen König und verlangt die Belohnung."

Der alte Mann war beschämt, und seine Augen füllten sich mit Tränen. „Nein, großer Hatim", sagte er reuevoll, „das kann ich nicht tun."

Während sie noch sprachen, kamen Leute, die auf der Suche nach dem flüchtigen König waren, und stellten sich dazu.

„Wenn du nicht tust, was ich sage", sagte Hatim, „werde ich mich selbst dem König stellen und ihm sagen, daß du mich versteckt gehalten hast. Dann wirst du wegen Verrats hingerichtet."

Als der Mob merkte, daß Hatim vor ihm stand, kamen diese Leute heran, ergriffen ihren ehemaligen König und brachten ihn vor den Tyrannen. Der unglückliche Holzfäller folgte ihnen.

Als sie an den Hof kamen, behauptete jeder, er sei derjenige, der Hatim gefangengenommen habe. Als der ehemalige König seinem Nachfolger Unentschlossenheit ansah, bat er um die Erlaubnis zu sprechen: „Wisse, o König, daß auch mein Zeugnis gehört werden sollte. Ich wurde von diesem alten Holzfäller gefangen genommen und nicht von jenem Mob. Darum gib ihm die Belohnung und mache mit mir, was du willst . . ."

Da trat der Holzfäller vor und sagte dem König die Wahrheit über Hatim, der sich selbst als Opfer für eine gesicherte Zukunft seiner Familie angeboten habe.

Der neue König war so überwältigt von dieser Geschichte, daß er seinem Heere befahl, abzuziehen. Hatim Tai aber setzte er wieder auf seinen Thron, und er selbst zog sich in sein eigenes Land zurück."

Als der König von Persien diese Geschichte gehört hatte, vergaß er die Drohung, die er gegen den Derwisch ausgesprochen hatte, und sagte: „Eine vortreffliche Geschichte, o Derwisch, eine, aus der wir Nutzen ziehen können. Dir allerdings kann sie nichts nützen, da du schon alles losgelassen hast, was das Leben bietet und selbst von nichts mehr besessen wirst. Aber ich, ich bin ein König. Und ich bin reich. Arabische Könige, die von gekochten Eidechsen leben, können sich nicht mit einem Perser vergleichen, wenn es um wahren Edelmut geht. Ich habe jedoch einen Einfall! Laß uns ans Werk gehen!"

Der König von Persien nahm den Derwisch mit sich, berief die bedeutendsten Architekten auf einen weiten, offenen Platz und befahl ihnen, einen gewaltigen Palast zu entwerfen und daselbst zu erbauen. Er sollte aus einer Schatzkammer in der Mitte bestehen und ringsum vierzig Fenster haben.

Als der Palast fertig war, befahl der König, alle nur verfügbaren Transportmittel einzusetzen, um ihn mit Goldstücken zu füllen. Nach monatelanger Arbeit wurde folgender Erlaß herausgegeben: „Seht, der König der Könige, die Quelle des Edelmutes, hat befohlen, daß ein Palast mit vierzig Fenstern erbaut wird. Er selber wird täglich aus diesen Fenstern allen bedürftigen Menschen Gold austeilen."

Es war nur natürlich, daß sich eine große Menge Bedüftiger einfand. Und der König händigte jeden Tag jedem Bittsteller, der an einem der Fenster erschien, ein Goldstück aus. Nun bemerkte er, daß da ein bestimmter Derwisch war, der sich tagtäglich am Fenster einfand, sein Goldstück in Empfang nahm und weiterging. Erst dachte der König: „Vielleicht möchte er das Gold jemandem bringen, der in Not ist." Dann, als er den Mann wiedersah, dachte er: „Vielleicht befolgt er die Derwischregel geheimer Wohltätigkeit und gibt das Gold weiter." Und jeden Tag, wenn er den Derwisch sah, entschuldigte er ihn bei sich, bis zum vierzigsten Tage, an dem der König mit seiner Geduld am Ende war. Er ergriff die Hand des Derwisches und sagte: „Undankbarer Lump! Weder hast du je ‚Danke' gesagt noch erweist du mir Achtung. Du lächelst nicht, du verneigst dich nicht, du kommst einfach Tag für Tag wieder. Wie lange soll das so weitergehen? Sparst du meine Gabe, um reich zu werden, oder verleihst du das Gold, um Zinsen zu bekommen? Dein Benehmen ist wahrhaftig weit von dem jener entfernt, die das ehrwürdige Abzeichen des ‚Flickenrockes' tragen."

Sobald diese Worte ausgesprochen waren, warf der Derwisch die vierzig Goldstücke, die er empfangen hatte, von sich. Er sagte zum König: „Wisse, o König von Persien, es gibt keinen Edelmut, wenn er nicht durch drei Dinge bestimmt wird: Das erste ist, daß man gibt, ohne sich selber für edelmütig zu halten; das zweite ist Geduld; das dritte ist, ohne Argwohn zu sein."

Aber der König lernte es nie. Für ihn hing der Edelmut davon ab, was die Leute von ihm denken würden, und davon, wie er sich selber fühlte, wenn er edelmütig war.

Diese Geschichte aus alter Überlieferung veranschaulicht in aller Kürze wichtige Sufilehren. Sie ist Kennern vor allem durch das klassische Urduwerk „Die Geschichte von den vier Derwischen" bekannt.

Nacheifern erweist sich als nutzlos, wenn es nicht durch die entsprechenden grundlegenden Charaktereigenschaften gestützt wird. Es kann kein Edelmut geübt werden, wenn die anderen Tugenden nicht ebenso entwickelt sind.

Einige Leute können nichts lernen, auch dann nicht,

wenn man ihnen die Lehre enthüllt, die in dieser Geschichte sowohl vom ersten als auch vom zweiten Derwisch verkörpert wird.

Die Geschichte vom Feuer

Es war einmal ein Mann, der tief über das Wirken und die Wirkungen der Natur nachdachte, und dank seines Nachdenkens und der Nutzanwendung entdeckte er, wie man Feuer machen kann.

Dieser Mann hieß Nour. Er entschloß sich, von einem Volk zum anderen zu wandern und den Leuten seine Entdeckung zu bringen.

Nour überbrachte vielen Völkern das Geheimnis. Einige machten Gebrauch von dem Wissen. Andere scheuchten ihn fort, noch bevor sie überhaupt verstehen konnten, wie wertvoll diese Entdeckung für sie sein könnte. Sie meinten, der Mann sei gefährlich. Schließlich kam er zu einem Volk, das in eine derartige Panik geriet, als er das Feuer vorführte, daß die Menschen ihn ergriffen und töteten, überzeugt, er sei ein Dämon.

Jahrhunderte vergingen. Bei dem ersten Volksstamm, der das Feuermachen gelernt hatte, blieb das Geheimnis den Priestern vorbehalten. Sie standen in Reichtum und Macht, während das Volk ein hartes Leben führte.

Der zweite Stamm vergaß die Kunst und betete statt dessen die Gerätschaften an. Der dritte betete zu einem Bild des Nour, weil er es war, der sie unterwiesen hatte. Der vierte bewahrte die Geschichte vom Feuermachen in seinen Legenden: Einige glaubten daran, andere nicht. Das fünfte Volk machte sich das Feuer tatsächlich zunutze und war dadurch in der Lage, sich zu wärmen, Speisen zu kochen und alle möglichen nützlichen Dinge herzustellen.

Viele, viele Jahre später reiste ein weiser Mann mit einer kleinen Schar von Schülern durch die Länder dieser Volksstämme. Die Schüler waren überrascht von der Vielfalt der Rituale, die sie vorfanden; und sie sagten übereinstimmend zu ihrem Lehrer: „Aber all diese Sitten stehen im Grunde genommen mit nichts anderem als dem Feuermachen in Zusammenhang. Wir sollten die Leute aufklären."

Der Lehrer antwortete: „Nun gut! Reisen wir noch einmal dorthin. Am Ende werden diejenigen, die es überleben, die wahre Aufgabe kennen und wissen, wie man sie anpackt."

Als sie zu dem ersten Volksstamm kamen, wurde die kleine Schar gastfreundlich empfangen. Die Priester luden die Reisenden ein, an der religiösen Zeremonie des Feuermachens teilzunehmen. Als das Volk dann durch das Ereignis, dem es beiwohnte, in einen Zustand der Erregung versetzt war, sagte der Meister zu seinen Schülern: „Möchte einer von euch etwas dazu sagen?"

Der erste sagte: „Um der Wahrheit willen fühle ich mich gedrängt, die Leute aufzuklären."

„Wenn du das unbedingt tun willst, so tue es", sagte der Meister, „– aber auf eigene Gefahr!"

Da trat der Schüler vor den Häuptling und die Priester und sagte: „Auch ich kann das Wunder vollbringen, von dem ihr euch einbildet, es sei irgendeine Manifestation der Gottheit. Wenn ich es euch vorführe, werdet ihr dann einsehen, daß ihr seit vielen Jahren in einem Irrtum lebt?"

Aber die Priester riefen: „Packt ihn!" – der Mann wurde ergriffen, und man hat ihn nie wieder gesehen.

Die Reisenden wanderten ins nächste Land, zu dem zweiten Stamm, jenen Leuten, die die Geräte des Feuermachens anbeteten. Wieder wollte einer der Schüler aus freien Stücken das Volk zur Vernunft bringen.

Mit dem Einverständnis des Meisters sagte er: „Erlaubt mir, daß ich zu euch als zu vernünftigen Menschen spreche. Ihr betet die Mittel an, mit denen man etwas tun kann, nicht aber die Sache selber. Dadurch schiebt ihr das Erscheinen dieser so nützlichen Sache hinaus. Ich aber kenne die Wahrheit, die eurer Zeremonie zugrundeliegt."

In diesem Volk gab es nun vernünftigere Leute. Aber sie sagten dem Schüler: „Als Reisender und Fremdling bist du in unserer Mitte willkommen. Jedoch als Fremder, der unsere Geschichte und unsere Bräuche nicht kennt, kannst du nicht verstehen, was wir tun. Du irrst. Vielleicht versuchst du sogar, uns unsere Religion wegzunehmen oder sie zu ändern. Wir wollen dich deshalb nicht anhören."

Die Wanderer setzten ihre Reise fort.

Dann kamen sie in das Land des dritten Stammes, und dort sahen sie, daß vor jeder Behausung ein Götzenbild stand, das den Nour darstellte, den ursprünglichen Feuerbringer.

Der dritte Schüler sprach den Häuptling an und sagte: „Dieses Götzenbild stellt einen Menschen dar. Er verkörpert eine bestimmte Fähigkeit, die man nutzbringend anwenden kann."

„Mag sein", antwortete der Nour-Anbeter, „aber nur wenige können in das wahre Geheimnis eindringen."

„Ich spreche wegen der wenigen, die verstehen werden, nicht aber für die, die sich weigern, bestimmten Tatsachen ins Auge zu sehen", sagte der dritte Schüler.

„Eine abscheuliche Ketzerei", murrte da der Priester, „noch dazu von einem Manne, der nicht einmal unsere Sprache richtig sprechen kann, geschweige denn ein geweihter Priester unseres Glaubens ist." So konnte auch dieser Schüler nichts für den Fortschritt tun.

Die kleine Schar setzte ihre Reise fort und kam in das Land des vierten Stammes. Nun trat ein vierter Schüler vor das versammelte Volk: „Die Legende vom Feuermachen ist wahr, und ich weiß, wie man es machen kann", sagte er.

Da brach Verwirrung aus, und das Volk teilte sich in mehrere Parteien. Einige sagten: Vielleicht ist's wahr, und wenn es wirklich stimmt, möchten wir herausfinden, wie man Feuer macht." Als der Meister und seine Schüler nun eingehender mit diesen Leuten sprachen, stellte sich jedoch heraus, daß die meisten Angst hatten, das Feuer auch zu ihrem persönlichen Nutzen zu gebrauchen; sie verstanden nicht, daß es dem menschlichen Fortschritt diente. So tief waren bei den meisten die verzerrten Legenden ins Gemüt eingedrungen, daß oft gerade jene Menschen, die meinten, sich tatsächlich der Wahrheit annähern zu können, ein gestörtes Gleichgewicht hatten. Sie hätten daher selbst dann kein Feuer entzünden können, wenn man es sie gelehrt hätte.

Dann gab es noch eine andere Partei, die sagte: „Selbstverständlich sind die Legenden nicht wahr. Dieser Mann will uns zum Narren halten, um sich bei uns einzunisten."

Und wieder eine andere Partei sagte: „Wir wollen die Legenden genauso wie sie sind, denn sie halten unsere Gemeinschaft zusammen. Wenn wir sie aufgeben, und sich dann herausstellt, daß diese neue Auffassung nichts taugt, – was würde dann aus unserem Volke?"

Und es gab noch mehr Meinungen dieser oder anderer Art.

So reiste die kleine Schar denn weiter und erreichte das Gebiet des fünften Volkes, bei dem das Feuermachen zum gewöhnlichen Alltag gehörte und wo sie sich anderen Vorurteilen gegenübergestellt sahen.

Der Meister sagte zu seinen Schülern: „Ihr müßt lernen, wie man lehrt, denn der Mensch möchte gar nicht belehrt werden. Zuerst müßt ihr die Menschen lehren zu lernen. Und zwar müßt ihr sie lehren, daß es überhaupt etwas gibt, was man lernen sollte. Sie bilden sich ein, daß sie zum Lernen bereit sind. Aber sie wollen das lernen, von dem *sie* meinen, daß es gelernt werden müsse, nicht aber das, was sie tatsächlich als erstes lernen müssen. Wenn ihr, meine Schüler, all dies gelernt habt, dann könnt ihr Weg und Weise ersinnen, um zu lehren. Wissen, ohne die besondere Fähigkeit zu lehren, ist nicht dasselbe wie Wissen *und* diese Fähigkeit.

Ahmed el-Bedavi (gest. 1276) hat folgende berühmt gewordene Antwort auf die Frage „Wer ist ein Barbar?" gegeben:

„Derjenige ist ein Barbar, dessen Wahrnehmungsfähigkeit so stumpf ist, daß er sich einbildet, Dinge denken und fühlen zu können, die doch nur durch die Entwicklung und ständige Übung des Strebens nach Gott wahrgenommen werden können."

„Die Menschen lachen über Moses und Jesus, – entweder, weil sie äußerst stumpf sind, oder weil sie nicht wahrhaben wollen, was jene mit ihren Worten und Taten wirklich gemeint haben."

Nach den Derwischüberlieferungen wurde Ahmed el-Bedavi angeklagt, den Moslems das Christentum zu predigen. Die Christen jedoch wiesen ihn zurück, weil er spätere christliche Dogmen nicht wörtlich nehmen wollte. Er war der Gründer des Ägyptischen Bedavi Ordens.

Das Vermächtnis

Ein Mann starb weit entfernt von der Heimat. Und in dem Teil seines Testamentes, welche seine Hinterlassenschaft regelt, hinterließ er die folgenden Worte: „Laßt die Gemeinde, in der das Land gelegen ist, das für sich nehmen, was sie haben will. Arif, dem Demütigen, aber sollen sie geben, was sie wollen."

Nun war Arif zu jener Zeit ein junger Mann, der weit weniger äußeres Ansehen genoß als irgend sonst jemand in der Gemeinde. Darum nahmen die Älteren von dem vorhandenen Land alles in Besitz, was sie haben wollten, und teilten Arif ein paar wertlose Grundstücke zu, die kein anderer haben wollte.

Viele Jahre später ging Arif, der zu Kraft und Weisheit herangereift war, zur Gemeinde, um sein väterliches Erbteil zurückzufordern. „Du hast erhalten, was dir gemäß Testament zusteht", sagten die Älteren. Sie hatten nicht das Gefühl, sich irgend etwas widerrechtlich angeeignet zu haben, denn es war ihnen gesagt, sie sollten nehmen, was sie wollten.

Aber mitten in dem Wortwechsel erschien in ihrem Kreise ein unbekannter Mann in würdiger Haltung, eine eindrucksvolle Erscheinung. Er sagte: „Der Sinn des Testamentes war der, daß ihr Arif das geben solltet, was ihr für euch selber haben möchtet, denn er kann den besten Gebrauch davon machen."

Im Augenblick der Erleuchtung, die diese Feststellung hervorrief, konnten die Älteren die wahre Bedeutung des Satzes verstehen, der lautete: „Arif sollen sie geben, was sie wollen."

„Wißt", fuhr die Erscheinung fort, „daß der Erblasser starb, ohne seinen Besitz schützen zu können. Die Gemeinde hätte ihn sich widerrechtlich angeeignet, wenn er Arif offen als seinen Erben eingesetzt hätte. Auf jeden Fall hätte es Streitereien gegeben. So vertraute er es euch an. Er wußte nämlich, ihr würdet es gut verwalten, wenn ihr es als euren eigenen Besitz betrachtet. So trug er weise Vorsorge dafür, daß diese Reichtümer erhalten und weitergegeben würden. Jetzt aber ist die Zeit gekommen, sie dem rechtmäßigen Eigentümer zurückzugeben."

So geschah es, daß Arif seinen Besitz zurück verlangte; die Älteren waren in der Lage, die Wahrheit zu erkennen.

In dieser Geschichte von Sayed Ghaus Ali Shah, einem Heiligen des Qadiri Ordens, der 1881 starb und in Panipat beigesetzt wurde, ist die Sufilehre unterstrichen, wonach die Menschen das für sich selber wollen, was sie eigentlich anderen wünschen sollten.

Dieser Gedanke ist nicht ungewöhnlich, allerdings wird er in den volkstümlichen Erzählungen meist so verstanden, als solle gezeigt werden, wie ein Erbe auf manchem Umweg zu seinem rechtmäßigen Besitz kommt, nachdem er jahrelang sein väterliches Erbe nicht geltend machen konnte.

In einigen Derwischgemeinschaften dient diese Geschichte als Veranschaulichung folgender Lehre: „Du hast viele Gaben, die dir lediglich anvertraut wurden. Wenn du das verstanden hast, kannst du sie den rechtmäßigen Besitzern zukommen lassen."

Das Gelübde

Es war einmal ein Mann, der große Sorgen hatte. Er gelobte daher, wenn seine Probleme sich lösten, werde er sein Haus verkaufen und den ganzen Erlös den Armen geben.

Es kam die Zeit, da er sein Gelübde erfüllen mußte. Aber er wollte so viel Geld nicht wegschenken und suchte daher einen Ausweg.

Er bot das Haus für ein Silberstück zum Kaufe an. Zum Hause aber gehörte eine Katze. Der Preis, den er für dieses Tier forderte, betrug zehntausend Silberstücke.

Jemand kaufte das Haus und die Katze dazu. Der Verkäufer gab das eine einzige Silberstück den Armen, die zehntausend sackte er für sich selber ein.

Bei vielen Menschen arbeitet der Verstand auf diese Weise. Sie entschließen sich, eine Lehre anzunehmen; aber dann legen sie sie zu ihrem persönlichen Vorteil aus. Ehe sie diese Denkweise nicht durch bestimmte Übungen überwunden haben, können sie überhaupt nichts begreifen.

Die List, von der in dieser Geschichte berichtet wird, kann bewußt ersonnen sein, so zeigt es uns der Erzähler (Sheikh Nasir el-Din Shah); sie kann aber auch Ausdruck eines verderbten Gemüts sein, das unbewußt derartige Listen hervorbringt.

Der Sheikh, auch als „Die Leuchte von Delhi" bekannt, starb 1846. Sein Schrein befindet sich in Delhi, Indien. Diese Fassung, die ihm zugeschrieben wird, stammt aus einer mündlichen Überlieferung des Chishti Ordens. Sie wird zur

Übung derjenigen psychologischen Methode angewandt, durch die man die Gemüts- und Gedankenkräfte festigt, damit sie nicht mehr auf derartige Selbstbetrügereien verfallen können.

Das Wesen der Schülerschaft

Von Ibrahim Khawwas wird erzählt, er habe sich, noch ein Jüngling, einem bestimmten Lehrmeister ergeben wollen. Er suchte diesen Weisen auf und bat, sein Schüler werden zu dürfen.

Der Lehrer sagte: „Du bist noch nicht so weit."

Als der junge Mann hartnäckig blieb, sagte der Meister: „Nun gut, ich werde dich etwas lehren. Ich will gerade zu einer Pilgerfahrt nach Mekka aufbrechen. Komm mit."

Der Schüler war überglücklich.

„Nachdem wir Reisegefährten sind", sagte der Lehrer, „muß der eine führen und der andere gehorchen. Wähle deine Rolle."

„Ich werde gehorchen, du sollst führen", sagte der Schüler.

„Ich werde führen, wenn du verstehst zu folgen", sagte der Meister.

Die Reise begann. Als sie eines nachts in der Wüste von Hejaz rasteten, begann es zu regnen. Der Meister stand auf und hielt eine Decke über den Schüler, um ihn zu schützen.

„Aber das sollte ich für dich tun", sagte der Schüler.

„Ich befehle dir, mir zu erlauben, dich auf diese Weise zu schützen", sagte der Weise.

Als es wieder Tag war, sagte der junge Mann: „Nun beginnt ein neuer Tag. Laß mich der Führer sein, und du gehorchst." Der Meister war einverstanden.

„Ich werde jetzt Reisig sammeln, um Feuer zu machen", sagte der Jüngling.

„So etwas darfst du nicht tun; ich werde es sammeln", sagte der Weise.

„Ich befehle dir, sitzen zu bleiben, während ich Reisig sammle!" sagte der junge Mann.

„So etwas darfst du nicht tun", sagte der Lehrer, „denn es entspricht nicht den Bedingungen der Schülerschaft, daß der Jünger sich erlaubt, vom Führer bedient zu werden."

Und so zeigte der Meister dem Schüler bei jeder Gelegenheit recht anschaulich, was Schülerschaft wirklich bedeutet.

Vor dem Tor der Heiligen Stadt trennten sie sich. Als der junge Mann den Weisen später wiedertraf, konnte er ihm nicht in die Augen sehen.

„Was du da gelernt hast", sagte der ältere Mann, „ist etwas vom Wesen der Schülerschaft."

Ibrahim Khawwas („Palmenweber") definierte den Sufipfad folgendermaßen: „Laß für dich tun, was für dich getan wird. Tu für dich, was du für dich tun mußt."

Diese Geschichte unterstreicht anschaulich den Unterschied zwischen dem, wie sich der Möchte-gern-Schüler die Beziehung zu einem Lehrmeister vorstellt; und wie sie tatsächlich sein sollte.

Khawwas war einer der großen frühen Meister, und von dieser Reise wird in Hujwiris „Enthüllung des Verhüllten" berichtet, dem ältesten vorhandenen Kompendium des Sufismus in Persien.

Die Einweihung der Malik Dinar

Nach vielen Jahren philosophischer Studien, fühlte Malik Dinar, daß die Zeit gekommen war, auf die Suche nach Erkenntnis zu gehen. „Ich werde aufbrechen", sagte er zu sich selbst, „und den ‚Verborgenen Lehrer' suchen, von dem es auch heißt, er sei in meinem innersten Selbst."

Er verließ sein Haus mit nur ein paar Datteln als Wegzehrung und traf bald darauf einen Derwisch, der unverdrossen die staubige Straße entlangzog. Er ging eine Weile schweigend und im Gleichschritt neben ihm her. Schließlich sprach der Derwisch: „Wer bist du und wohin gehst du?"

„Ich bin Dinar und aufgebrochen, um den ‚Verborgenen Lehrer' zu suchen."

„Ich bin El-Malik El-Fatih und werde mit dir gehen", sagte der Derwisch.

„Kannst du mir helfen, den Lehrer zu finden?" fragte Dinar.

„Kann ich dir helfen, kannst du mir helfen?" fragte Fatih auf diese beunruhigende, verwirrende Weise aller Derwische; „der ‚Verborgene Lehrer', so heißt es, ist im Selbst des Menschen. Wie er ihn findet, hängt davon ab, welchen Nutzen er aus der Erfahrung zieht. Dies ist etwas, was einem Gefährten nur teilweise vermittelt werden kann."

Bald darauf kamen sie zu einem Baum, der knarrte und schwankte. Der Derwisch blieb stehen. „Der Baum sagt", so sprach er nach einem Augenblick, „mir tut etwas weh, bleib' eine Weile hier und nimm es aus meiner Seite, damit ich Ruhe finden kann."

„Ich habe es wirklich zu eilig", erwiderte Dinar. „Und wie kann ein Baum überhaupt sprechen?" Sie gingen weiter.

Nach einigen Meilen sagte der Derwisch: „Als wir bei dem Baume waren, meinte ich Honig zu riechen. Vielleicht war es ein wilder Bienenschwarm, der in dem dicken Stamm seinen Stock gebaut hat."

„Wenn das wahr ist", sagte Dinar, „so laß uns schnell zurückkehren, um den Honig einzusammeln; wir könnten davon essen und etwas für die Reise verkaufen."

„Wie du willst", sagte der Derwisch.

Als sie wieder zu dem Baum kamen, sahen sie jedoch einige andere Reisende, die eine ungeheure Menge Honig einsammelten.

„Was haben wir für ein Glück!" riefen die Männer. „Dies ist genug Honig, um eine ganze

Stadt damit zu versorgen. Wir armen Pilger können nun Kaufleute werden: unsere Zukunft ist gesichert."

Dinar und Fatih gingen ihres Weges.

Bald darauf kamen sie zu einem Berg, an dessen Abhang sie Summen vernahmen. Der Derwisch legte das Ohr auf die Erde. Dann sagte er: „Unter uns sind Millionen von Ameisen und bauen sich eine Kolonie. Dieses Gesumme ist eine vielstimmige Bitte um Hilfe. In der Ameisensprache bedeutet es: ‚Hilf uns, hilf uns! Wir höhlen die Erde aus, sind aber auf ungewöhnliche Felsen gestoßen, die uns den Weg versperren. Hilf uns, sie wegzuschaffen.' Sollen wir hierbleiben und helfen oder möchtest du weitereilen?"

„Ameisen und Felsen gehen uns nichts an, Bruder", sagte Dinar, „denn ich suche etwas anderes, – meinen Lehrer."

„Also gut, Bruder", sagte der Derwisch. „Aber es heißt, alle Dinge stünden in einem Zusammenhang. Und dies könnte irgendwie mit uns zusammenhängen."

Dinar achtete nicht auf das Gerede des alten Mannes, und so zogen sie weiter ihres Weges.

Die beiden machten Rast für die Nacht, und Dinar merkte, daß er sein Messer verloren hatte. „Ich muß es in der Nähe des Ameisenhügels verloren haben", sagte er. Am anderen Morgen gingen sie den Weg zurück.

Als sie wieder zu dem Ameisenhügel kamen, fanden sie keine Spur von Dinars Messer. Aber sie sahen eine Gruppe von Menschen, die schmutzbedeckt neben einem Haufen Goldmünzen rastete. „Dies", sagten die Leute, „ist ein verborgener Schatz, den wir soeben ausgegraben haben. Wir wanderten die Straße entlang, als ein gebrechlicher alter Derwisch uns zurief: ‚Grabt an dieser Stelle, und ihr werdet etwas finden, was für einige nichts als ein Felsen ist, aber für andere Gold!' "

Dinar verfluchte sein Geschick. „Wären wir doch hier geblieben," rief er, „dann wären wir beide letzte Nacht reich geworden, o Derwisch." Die anderen Leute sagten: „Dieser Derwisch da, Fremdling, sieht dem merkwürdig ähnlich, den wir letzte Nacht gesehen haben."

„Alle Derwische sehen ziemlich gleich aus", sagte Fatih. Und jeder zog seines Weges.

Dinar und Fatih setzten ihre Reise fort, und einige Tage später kamen sie an ein schönes Flußufer. Der Derwisch blieb stehen, und als sie sich hinsetzten, um auf die Fähre zu warten, schaute ein Fisch mehrmals aus dem Wasser hervor und verzog das Gesicht.

„Dieser Fisch", sagte der Derwisch, „bringt uns eine Botschaft. Er sagt: ‚Ich habe einen Stein verschluckt. Fang mich und gib mir eine bestimmte Pflanze zu essen. Dann werde ich ihn ausspucken können und dadurch Erleichterung bekommen. Wanderer, habt Erbarmen!' "

In dem Augenblick tauchte die Fähre auf, und Dinar, ungeduldig weiterzukommen, drängte den Derwisch hinein. Der Fährmann war dankbar für die Kupfermünze, die sie ihm geben konnten, und Fatih und Dinar schliefen gut in einem Teehaus, das eine mildtätige Seele am gegenüberliegenden Ufer eingerichtet hatte.

Am Morgen schlürften sie gerade ihren Tee, als der Fährmann erschien. Die vergangene Nacht sei die glücklichste seines Lebens gewesen, sagte er; die Pilger hätten ihm Glück gebracht. Er küßte die Hand des ehrwürdigen Derwisches, um seinen Segen zu empfangen. „Du verdienst das alles", sagte Fatih.

Der Fährmann war jetzt reich; und das hatte sich so zugetragen. Als er gerade schon, zur üblichen Zeit, hatte nachhause gehen wollen, sah er die beiden Menschen am gegenüberliegenden Ufer. Er entschloß sich, um des „baraka", des Segens willen, den es bringt, Reisenden zu helfen, noch eine Überfahrt zu machen. Als er dann darangging, sein Boot zu versorgen, sah er den Fisch, der sich ans Ufer geworfen hatte. Er versuchte offensichtlich, eine Pflanze zu erreichen. Der Fischer steckte ihm die Pflanze ins Maul, so daß er sie herunterschlucken konnte. Der Fisch spuckte einen Stein aus und warf sich wieder ins Meer. Der Stein war ein riesiger und makelloser Diamant von unschätzbarem Wert und prächtigem Feuer.

„Du bist ein Teufel!" schrie der wütende Dinar den Derwisch an. „Du wußtest durch irgendeine geheime Art der Wahrnehmung von allen drei Schätzen, aber du hast es mir nicht rechtzeitig gesagt. Ist das wahre Kameradschaft? Früher war mein Unglück schon groß genug: aber wenn du nicht wärst, wüßte ich jedenfalls nichts von den Schätzen, die in Bäumen, Ameisenhügeln und Fischen verborgen sind, – und all das!"

Kaum hatte er diese Worte gesagt, als er das Gefühl hatte, es fege ein mächtiger Wind durch seine innerste Seele. Und da erkannte er, daß genau das Gegenteil von dem, was er gesagt hatte, die Wahrheit war.

Der Derwisch, dessen Name „Siegreicher König" bedeutet, klopfte Dinar leicht auf die Schulter und lächelte. „Jetzt, Bruder, wirst du entdekken, daß du durch Erfahrung lernen kannst. Ich bin eben derjenige, der dem ‚Verborgenen Führer' zur Verfügung steht."

Als Dinar aufzuschauen wagte, sah er seinen Lehrer zusammen mit einer kleinen Gruppe von Reisenden, die über die Gefahren der vor ihnen liegenden Reise sprachen, die Straße entlangwandern.

Heute zählt der Name des Malik Dinar zu den vornehmsten unter den Derwischen, als Gefährte und Vorbild, als ein Mann, der „angekommen" ist.

Malik Dinar war einer der frühen klassischen Meister.

Der „Siegreiche König" der Geschichte ist eine Verkörperung der „höheren Wirksamkeit der Vernunft", von Rumi „Der Menschliche Geist" genannt. Der Mensch muß ihn ausbilden, ehe er auf erleuchtete Weise arbeiten und wirken kann.

Diese Fassung stammt von Emir el-Arifin.

Erkenntnis zu verkaufen!

Ein Mann namens Saifulmuluk verbrachte sein halbes Leben auf der Suche nach Wahrheit. Er las alle Bücher, die er nur finden konnte, über die alte Weisheit. Er reiste in alle bekannten und unbekannten Länder, um zu hören, was die geistigen Lehrer zu sagen wußten. Er verbrachte seine Tage mit Arbeit und die Nächte in Kontemplation der „Großen Mysterien".

Eines Tages hörte er noch von einem weiteren Lehrer, dem großen Dichter Ansari, der in der Stadt Herat lebte. Er lenkte seine Schritte dorthin und kam an die Tür des Weisen. An dieser las er eine merkwürdige Bekanntmachung, die ganz im Gegensatz zu dem stand, was er erwartet hatte: „Hier wird Erkenntnis verkauft."

„Das muß ein Irrtum sein, oder aber es steht die Absicht dahinter, Müßiggänger und Neugierige abzuwehren", sagte er sich, „denn ich habe noch nie sagen hören, Erkenntnis könne gekauft oder verkauft werden." So betrat er das Haus.

Im inneren Hof fand er Ansari. Er saß da, gebeugt vom Alter und schrieb ein Gedicht. „Bist du gekommen, um Erkenntnis zu kaufen?" fragte er. Saifulmuluk nickte. Ansari sagte ihm, er solle so viel Geld hergeben als er habe. Saifulmuluk holte sein ganzes Geld hervor, wohl eine Summe von hundert Silberstücken.

„Für diese Menge", sagte Ansari, „kannst du drei gute Ratschläge bekommen."

„Ist das dein Ernst?" fragte Saifulmuluk. „Wozu brauchst du Geld, wenn du doch ein demütiger und geweihter Mann bist?"

„Wir leben in der Welt und sind von ihren materiellen Tatsachen umgeben", sagte der Weise. „Und mit dem Wissen, das ich habe, übernehme ich neue große Verantwortung. Weil ich gewisse Dinge weiß, die andere nicht wissen, muß ich unter anderem Geld ausgeben, um dort zu Diensten zu stehen, wo ein freundliches Wort oder die Übung ‚Segen' nicht angezeigt sind."

Er nahm das Silber an sich und sagte: „Höre gut zu. Der erste Rat lautet: ‚Eine kleine Wolke kündet Gefahr an!'"

„Aber ist das Erkenntnis?" fragte Saifulmuluk. „Es scheint mir nicht viel über das Wesen der letzten Wahrheit auszusagen, auch nicht über die Lage und Aufgabe des Menschen in der Welt."

„Wenn du mich weiterhin unterbrichst", sagte der Weise, „kannst du dein Geld wiederhaben und verschwinden. Was nützt einem das Wissen über die Lage des Menschen in der Welt, wenn dieser Mensch tot ist?"

Saifulmuluk verstummte und wartete auf den nächsten Rat.

„Der zweite Rat ist dieser: ‚Wenn du an einem Orte einen Vogel, eine Katze und einen Hund beisammen findest, bringe sie an dich und versorge sie bis zum Ende.'"

„Das ist ein merkwürdiger Rat", dachte Saifulmuluk, „aber vielleicht hat er eine innere, übersinnliche Bedeutung, die ich erkennen werde, wenn ich lange genug darüber meditiere."

So verhielt er sich ruhig, und der Weise brachte den letzten guten Rat vor: „Wenn du gewisse Dinge erlebt haben wirst, die unabwendbar zu sein scheinen, bleib fest im Vertrauen zu den gegebenen Ratschlägen, dann und nur dann wird sich eine Tür für dich öffnen. Tritt ein durch die Tür."

Saifulmuluk wünschte sich, bei diesem Weisen, der einen so aus der Fassung brachte, zu bleiben und bei ihm zu lernen, aber Ansari schickte ihn ziemlich grob weg.

Er setzte seine Wanderschaft fort und ging nach Kaschmir, um dort bei einem Lehrer zu lernen. Als er wieder durch Zentralasien reiste, kam er auf den Markt von Bokhara, als dort gerade eine Versteigerung stattfand. Ein Mann führte eine Katze, einen Vogel und einen Hund mit sich fort, die er soeben erworben hatte. „Wenn ich nicht so lange in Kaschmir geblieben wäre", dachte Saifulmuluk, „hätte ich jetzt diese Tiere kaufen können, denn sie sind sicher ein Teil meines Schicksals."

Dann wurde er aber unruhig, weil er wohl den Vogel, die Katze und den Hund gesehen, die kleine Wolke jedoch noch nicht zu Gesicht bekommen hatte. Alles schien schief zu gehen. Das einzige, was ihn rettete, war die Lektüre in einem seiner Notizbücher, in das er den Rat eingetragen hatte, den ihm einst ein alter Weiser gab: „Die Dinge ereignen sich in einer Reihenfolge.

Der Mensch stellt sich diese Reihenfolge auf eine bestimmte Weise vor. Aber manchmal verläuft alles in einer ganz anderen Art Reihenfolge."

Dann machte er sich klar, daß zwar die drei Tiere bei einer Auktion gekauft wurden, Ansari jedoch nicht gesagt hatte, er selber solle sie ersteigern. Er hatte sich nicht mehr an den Wortlaut des Ratschlages erinnert, der lautete: „Wenn du einen Vogel, eine Katze und einen Hund an einem Orte beisammen findest, bringe sie an dich und versorge sie bis zum Ende."

So machte er sich denn auf, den Käufer der Tiere ausfindig zu machen und zu sehen, ob sie noch „an einem Orte beisammen" waren.

Nach langem Suchen und Fragen brachte er heraus, daß der Mann Ashikikhuda hieß. Er hatte die Tiere nur erworben, um sie von der Qual des Eingesperrtseins zu erlösen. Denn sie hatten sich bereits seit einigen Wochen in den Räumen des Auktionärs befunden, wo sie auf Käufer warteten. Sie waren noch „an einem Orte beisammen", und Ashikikhuda verkaufte sie gerne an Saifulmuluk.

Er ließ sich in Bokhara nieder, denn es war nicht möglich, mit den Tieren ein Reiseleben zu führen. Jeden Tag ging er fort, um in einer Wollspinnerei zu arbeiten, am Abend kehrte er heim und brachte für die Tiere Futter mit, das er von seinem täglichen Verdienst erstanden hatte. Die Zeit verging, drei Jahre.

Eines Tages, als er ein Meisterspinner geworden war und als angesehenes Mitglied des Gemeinwesens lebte, mitsamt seinen Tieren, ging er in der Umgebung der Stadt spazieren und sah etwas, was wie eine winzige Wolke aussah. Die Wolke war so merkwürdig, daß seine Erinnerung wachgerüttelt wurde und „Der Erste Gute Rat" ihm schlagartig zum Bewußtsein kam:

„Eine kleine Wolke kündet Gefahr an!"

Saifulmuluk kehrte sofort nachhause zurück, nahm seine Tiere, machte sich auf und floh westwärts. Er kam nach Isfahan, fast ohne einen Pfennig. Einige Tage später erfuhr er, daß die Wolke, die er gesehen hatte, der aufgewirbelte Staub einer Horde von Eroberern war, die Bokhara überwältigt und alle Einwohner niedergemetzelt hatten.

Und er entsann sich der Worte Ansaris: „Was nützt einem das Wissen über die Lage des Menschen in der Welt, wenn dieser Mensch tot ist!"

Die Leute von Isfahan waren keine Tierfreunde und hatten nichts übrig für Wollspinner, auch nicht für Fremde, und bald befand Saifulmuluk sich in größter Armut. Er warf sich zu Boden und weinte: „O Kette der Heiligen! O Ihr Meister! Ihr, die Ihr verwandelt wurdet! Kommt mir zu Hilfe, denn ich bin selber nicht mehr in der Lage, auch nur die notwendigste Nahrung zu beschaffen, und meine Tiere leiden Hunger und Durst."

Als er so dalag, zwischen Wachen und Schlafen, von Hunger gequält und ergeben in die Fügungen des Schicksals, hatte er eine Vision von einem Etwas, so deutlich, als stünde es wirklich vor ihm. Es war das Bild eines goldenen Ringes, besetzt mit einem blitzenden, leuchtenden Stein, der Feuer sprühte, wie Meeresleuchten funkelte, und dessen Tiefe grüne Lichter ausstrahlte.

Eine Stimme, es schien zumindest eine Stimme zu sein, sagte: „Dies ist die goldene Krone aller Zeiten, der ‚Samir der Wahrheit', der echte ‚Ring des Königs Salomo', Sohn Davids, – Friede sei mit seinem Namen –, dessen Geheimnisse bewahrt werden müssen."

Wie er nun Umschau hielt, sah er, daß der Ring in eine Erdspalte rollte. Es schien, als sei er am Ufer eines Flusses, unter einem Baume, in der Nähe eines höchst seltsam geformten Felsens.

Am anderen Morgen, ausgeruht und eher in der Lage, seinen Hunger zu ertragen, brach Saifulmuluk auf und durchstreifte die Umgebung von Isfahan. Da sah er – wie er es nicht ohne Grund schon fast erwartet hatte – den Fluß, den Baum und den Felsen. Unter dem Felsen befand sich eine Erdspalte. In der Spalte, in die er einen Stock hineinsteckte, befand sich der Ring, den er schon auf jene seltsame Weise gesehen hatte.

Saifulmuluk wusch den Ring im Wasser und rief: „Wenn dies wirklich der Ring des Großen Salomo ist – gegrüßt sei er! –, so gewähre mir, Geist des Ringes, ein gutes Ende all meiner Not."

Plötzlich war es als bebe die Erde und als höre er den Widerhall einer Stimme gleich einem

Wirbelwind in seinen Ohren: „Durch die Jahrhunderte, guter Saifulmuluk, entbieten wir dir Frieden. Du bist der Erbe der Macht des Salomon, Sohn Davids, – Friede sei mit ihm –, Meister der Jinns und Menschen. Ich bin der Sklave des Ringes. Befiehl mir, Meister Saifulmuluk, mein Gebieter!"

„Bringe die Tiere her und Futter für sie", sagte Saifulmuluk sofort und vergaß nicht hinzuzusetzen: „Im Namen des Höchsten und im Namen Salomos, unseres Meisters, des Herren der Geister und der Menschen, ihm sei Ehre!"

Fast noch ehe er ausgesprochen hatte, waren die Tiere da, und vor jedem stand das Futter, das es brauchte und am liebsten mochte.

Dann rieb er den Ring, und, wie ein Rauschen in seinen Ohren, antwortete der Geist des Ringes ihm wieder:

„Befiehl mir, und was immer du dir wünschen magst, es wird geschehen, außer dem, was nicht getan werden darf, Meister des Ringes."

„Sage mir im Namen Salomos – Friede sei mit ihm –, ist dies das Ende? Denn ich muß für das Wohlergehen dieser meiner Gefährten sorgen bis zum Ende, nach dem Befehl meines eigenen Meisters, dem Khoja Ansar von Herat."

„Nein", antwortete der Geist", es ist nicht das Ende."

Saifulmuluk blieb an diesem Ort, wo er den Jinn ein kleines Haus für sich selber und eine Unterkunft für die Tiere bauen ließ; und er verbrachte seine Tage mit ihnen. Jeden Tag schaffte der Jinn genug von allem heran, was sie brauchten, und die Leute, die vorbeikamen, verwunderten sich über die Heiligkeit des Saif-Baba, des „Vater Saif" – wie er genannt wurde, „der von nichts lebte, umgeben von zahmen und wilden Tieren".

Wenn er nicht damit beschäftigt war, seine Reisenotizen durchzustudieren und über seine Erfahrungen nachzudenken, beobachtete Saif-Baba die drei Tiere und lernte ihr Wesen kennen. Jedes reagierte auf seine Weise. Er förderte ihre guten Eigenschaften und löschte die schlechten, und oft sprach er zu ihnen über den großen Khoja Ansar und die „Drei Guten Ratschläge".

Von Zeit zu Zeit kamen heilige Männer an seiner Behausung vorbei, und oft forderten sie ihn auf, mit ihnen zu disputieren oder von ihnen ihre besondere Weise, den Pfad zu gehen, zu erfahren. Aber er lehnte es ab mit diesen Worten: „Ich muß die Aufgabe erfüllen, die mir mein Meister gegeben hat." Da geschah es eines Tages zu seiner Überraschung, daß die Katze ihn in einer Sprache anredete, die er verstehen konnte. „Meister", sagte sie, „du hast deine Aufgabe, du mußt sie erfüllen. Aber wunderst du dich nicht darüber, daß die Zeit, die du ‚das Ende' nennst, noch nicht gekommen ist?"

„Eigentlich wundere ich mich nicht", meinte Saif-Baba, „denn nach allem was ich weiß, kann es seine hundert Jahre dauern."

„Eben da bist du im Irrtum", fiel nun auch der Vogel ein, „denn du hast nicht das gelernt, was du von all den verschiedenen Wanderern, die hier vorbei gekommen sind, hättest lernen können. Du hast nicht erkannt, daß – obgleich sie verschieden erscheinen (so wie wir Tiere dir alle verschieden erscheinen) – doch alle von der Quelle deiner Unterweisung zu dir gesandt wurden, von Khoja Ansar selber, um zu prüfen, ob du genügend Einsicht gewonnen hast, um sie zu verstehen."

„Wenn das wahr ist", sagte Saif-Baba, „woran ich nicht einen Augenblick glaube, dann könntet ihr mir auch erklären, wieso eine einfache Katze und ein winziger Spatz mir Dinge sagen können, die ich, trotz der wunderbaren Gaben, die ich empfangen habe, nicht sehen kann?"

„Das ist einfach", sagten beide gleichzeitig, „es liegt daran, daß du dich gewöhnt hast, alles nur von einer Seite zu betrachten, daher sind deine Schwächen nun selbst für den allergewöhnlichsten Verstand sichtbar geworden."

Dies ängstigte Saif-Baba. „So hätte ich die ‚Pforte' des ‚Dritten Guten Ratschlags' längst finden können, wenn ich nur richtig eingestimmt gewesen wäre?" fragte er.

„Ja", sagte der Hund und mischte sich nun auch ins Gespräch. „Die ‚Pforte' war in den vergangenen Jahren ein Dutzend mal aufgetan, aber du hast es nicht gemerkt. Wir haben es gesehen, aber weil wir Tiere sind, konnten wir es dir nicht sagen."

„Aber wieso könnt ihr es mir denn jetzt sagen?"

„Du kannst unsere Sprache verstehen, weil du selber endlich menschlicher geworden bist. Aber du hast nur noch eine einzige letzte Gelegenheit, denn schon übermannt dich das Alter."

Erst dachte Saif-Baba: „Das ist eine Halluzination." Dann dachte er: „Sie haben kein Recht, so mit mir zu sprechen, ich bin ihr Herr und sorge für sie." Dann dachte ein anderer Teil seines Wesens: „Wenn sie irren, ist es ohne Bedeutung. Haben sie aber recht, ist es schrecklich für mich. Dieser Gefahr darf ich mich nicht aussetzen."

So wartete er auf eine günstige Gelegenheit. Monate vergingen. Eines Tages kam ein wandernder Derwisch vorbei und schlug sein Zelt vor Saif-Babas Haus auf. Er freundete sich mit den Tieren an, und Saif entschloß sich, ihn ins Vertrauen zu ziehen. „Pack dich!" fuhr der Derwisch ihn an. „Mich gehen deine Geschichten über den Meister Ansari nichts an, auch nicht deine Wolken und dein Suchen und deine Verantwortung für die Tiere, auch nicht dein Zauberring. Laß mich in Ruhe! Ich weiß, worüber du sprechen *solltest*, aber ich habe keine Ahnung von dem, worüber du redest."

In seiner Verzweiflung rief Saif-Baba den „Geist des Ringes". Aber der Jinn sagte nur: „Ich darf dir nicht die Dinge sagen, die nicht gesagt werden dürfen. Aber ich weiß, daß du unter der Krankheit leidest, die da heißt ‚Ständig Verborgene Vorurteile', sie beherrscht dein Denken und macht es dir schwer, auf dem *Wege* voran zu kommen."

Da ging Saif-Baba zu dem Derwisch, der auf der Schwelle seines Hauses saß, und sagte: „Was soll ich nur tun, denn ich fühle mich verantwortlich für meine Tiere, und ich bin, was mich betrifft, ganz durcheinander, und in den ‚Drei Guten Ratschlägen' ist nichts mehr, was mich weiterführen könnte."

„Du hast aufrichtig gesprochen", sagte darauf der Derwisch, „und das ist der Anfang. Übergib mir deine Tiere, und ich werde dir die Antwort sagen."

„Aber ich kenne dich nicht, und du verlangst zu viel", sagte Saif-Baba. „Wie kannst du das von mir fordern? Ich achte dich, aber ich habe doch noch meine Zweifel."

„Gut gesagt", antwortete der Derwisch. „Du hast damit nicht deine Sorge um die Tiere enthüllt, wohl aber deinen eigenen Mangel an Wahrnehmungsfähigkeit in bezug auf mich. Wenn du mich mit Hilfe der Gefühle oder der Logik beurteilst, kann ich dir nichts nützen. In gewisser Weise bist du immer noch habgierig, indem du einen Besitzanspruch über ‚deine' Tiere geltend machst. Pack dich, so wahr ich ‚Darwaza' heiße."

Nun bedeutet „Darwaza" aber „Tür", und Saif-Baba dachte angestrengt darüber nach. Könnte dies die „Tür" sein, die ihm von seinem Scheich, Ansari, vorausgesagt worden war? „Vielleicht bist du die ‚Tür', die ich suche; aber ich bin mir nicht sicher", sagte er zu dem Derwisch Darwaza.

„Geh mir weg, du und deine Grübeleien", rief der Derwisch. „Erkennst du nicht, daß die beiden ersten Ratschläge für deinen Verstand waren, der letzte gute Rat aber nur durch deine Wahrnehmung verstanden werden kann?"

Es folgten fast zwei weitere Jahre der Verwirrung und Ängstigung, bis Saif-Baba plötzlich die Wahrheit erkannte. Er rief seine Tiere zu sich und entließ sie, indem er sagte: „Ihr seid nun auf euch selbst gestellt. Dies ist das Ende." Als er dies sagte, bemerkte er, daß die Tiere unversehens in menschliche Gestalt verwandelt waren. Neben ihm stand Darwaza, aber seine Gestalt war jetzt die des großen Khoja Ansari selbst. Ohne ein Wort zu sprechen, öffnete Ansari eine Tür in dem Baum am Ufer des Flusses, und als Saif-Baba über die Schwelle in eine wunderbare Höhle hineinging, las er dort, geschrieben in goldenen Lettern, die Antworten auf alle Fragen über Leben und Tod, über Sterblichkeit und über die Menschheit, über Wissen und Nichtwissen, die ihn sein ganzes Leben lang gequält hatten.

„Weil du an Äußerlichkeiten hingst", sagte die Stimme Ansaris, „wurdest du all diese Jahre aufgehalten. In gewisser Weise kommst du daher zu spät. Nimm hier den Teil der Erkenntnis, den ich dir noch geben kann."

Diese Geschichte veranschaulicht unter anderem das beliebte Sufithema, wonach die Wahrheit sich in der Menschheit zu „manifestieren versucht": aber daß sie immer wieder, für jeden Menschen, in Verkleidungen auftritt, die schwer zu durchschauen sind und auf den ersten Blick nicht miteinander in Verbindung zu stehen scheinen.

Nur indem er eine „bestimmte Wahrnehmung“ entwikkelt, kann der Mensch mit diesem unsichtbaren Vorgang Schritt halten.

Der Königssohn

In einem Lande, in dem alle Menschen wie Könige sind, lebte einst eine Familie, die in jeder Weise zufrieden war, und alles, was sie umgab, kann mit Worten irgendeiner Sprache wie wir sie heute kennen, nicht beschrieben werden. Dieses Land Sharq schien auch den jungen Prinzen Dhat zufriedenzustellen, – bis zu jenem Tage, an dem seine Eltern ihm sagten: „Liebster Sohn, es besteht in unserem Lande die unumgängliche Gepflogenheit, daß jeder königliche Prinz, sobald er ein bestimmtes Alter erreicht hat, in die Welt hinausziehen muß, um auf die Probe gestellt zu werden. Dies soll ihn auf die Königswürde vorbereiten, damit er durch Achtsamkeit und stetes Mühen, sowohl was seinen Ruf als auch was seine Leistung anbelangt, einen Stand der Mannhaftigkeit erreiche, der auf keine andere Weise errungen werden kann. Das gilt seit frühester Zeit, und so wird es sein bis zum Ende.“

So bereitete Prinz Dhat sich auf die Reise vor, und seine Familie versorgte ihn mit jenen Lebensmitteln, die ihnen zur Verfügung standen: eine besondere Speise, die ihn in der Fremde stärken sollte. Es war zwar nur eine kleine Menge, jedoch von unbegrenzter Fülle.

Sie versorgten ihn auch mit gewissen anderen Hilfsmitteln, die ihn bei richtigem Gebrauch schützen würden, über die man aber nicht sprechen kann.

Er mußte in ein bestimmtes Land reisen, es heißt Misr, und er mußte verkleidet gehen. Darum gab man ihm für die Reise Führer mit und eine Kleidung, die den neuen Umständen entsprach und seine königliche Geburt nicht erkennen ließ. Seine Aufgabe bestand darin, aus Misr einen bestimmten Edelstein zurückzubringen, der von einem schrecklichen Ungeheuer bewacht wurde.

Seine Begleiter ließen Dhat schließlich alleine weiterziehen, aber bald darauf traf er jemanden, der mit einem ähnlichen Auftrag unterwegs war, und zusammen war es ihnen möglich, die Erinnerung an ihre hohe Herkunft lebendig zu erhalten. Durch die Luft und die Nahrung des Landes senkte sich jedoch mit der Zeit eine Art Schläfrigkeit auf die beiden, und Dhat vergaß seinen Auftrag.

Er lebte jahrelang in Misr, verdiente sich seinen Lebensunterhalt und übte einen anspruchslosen Beruf aus, wobei ihm seine eigentliche Aufgabe scheinbar nicht mehr bewußt war.

Auf eine Weise, die man nur bei ihnen kennt, erfuhren die Leute in Sharq von der mißlichen Lage Dhats, und gemeinsam arbeiteten sie auf ihre Weise an seiner Befreiung, damit er seine

Aufgabe wieder aufnehmen konnte. Dem jungen Prinzen wurde auf besondere Weise eine Botschaft gesandt, die lautete: „Wach auf! Denn du bist der Sohn eines Königs, ausgesandt mit einem bestimmten Auftrag, und zu uns mußt du zurückkehren."

Diese Botschaft weckte den Prinzen, der nun den Weg zu dem Ungeheuer fand. Durch bestimmte Töne brachte er es zum Einschlafen. Dann nahm er den unschätzbaren Edelstein, den es bewacht hatte, an sich.

Nun folgte Dhat den Klängen der Botschaft, die ihn geweckt hatten, zog wieder die Tracht seines Heimatlandes an, und kehrte – geführt durch den „Klang" – auf demselben Wege, auf dem er gekommen war, in das Land Sharq zurück.

In erstaunlich kurzer Zeit sah Dhat die alten Trachten und das Land seiner Väter wieder und erreichte die Heimat. Durch die Erfahrungen aber war er jetzt in der Lage, zu sehen, daß es irgendwie in herrlicherem Glanze erstrahlte als je zuvor, und daß es ihm Sicherheit bot; und er erkannte, daß es die Stätte war, an die sich die Bewohner von Misr unbestimmt unter dem Namen „Salamat" erinnerten. Sie meinten allerdings, dieses Wort bedeute „Unterwerfung". Er aber erkannte jetzt, was wirklich gemeint war: „Frieden".

Genau dasselbe Thema findet man in der „Hymne der Seele" in den Apokryphen des Neuen Testamentes. Der Philosoph Ibn-Sina (gest. 1038), im Westen als Avicenna bekannt, behandelt dieselbe Thematik in seiner Allegorie von der „Verbannung der Seele" oder dem „Gedicht von der Seele".

Diese Fassung stammt aus der Abschrift eines wandernden Derwisches, vermutlich nach einem Vortrag des Amir Sultan, Sheikh von Bokhara, der in Istanbul lehrte und 1429 starb.

Das Fahrzeug

Es gibt drei Arten von Wissenschaften, die die Menschen studieren. Die erste ist das gewöhnliche Wissen. Die zweite ist die Wissenschaft außergewöhnlicher innerer Zustände, oft als Ekstase bezeichnet. Die dritte, – es ist die eigentlich wichtige, ist die „Wissenschaft von der Wahren Wirklichkeit": von dem, was hinter den beiden anderen liegt.

Nur das wahre innere Wissen bringt das Wissen von der „Wissenschaft der Wahren Wirklichkeit" mit sich. Die beiden anderen sind, auf ihre besondere Weise, nur Spiegelungen der dritten. Ohne diese sind sie beinahe nutzlos.

Betrachte einen Wagenlenker. Er sitzt in einem von ihm selbst gelenkten und von einem Pferde gezogenen Fahrzeug. Der Verstand ist das „Fahrzeug", die äußere Form, in der wir feststellen und zu wissen meinen, wo wir uns befinden und was wir zu tun haben. Das Fahrzeug setzt das Pferd und den Menschen in die Lage, sich zu betätigen. Das nennen wir „tashkil", äußere Form oder Formulierung. Das Pferd als die Triebkraft, ist die Energie, die „Zustand der Gemütsbewegung" genannt wird oder „andere Kraft". Sie ist nötig, um das Fahrzeug anzutreiben. Der Mann in unserem Bild ist das, was wahrnimmt. Er ist auf seine Weise den anderen, dem Zweck und den Möglichkeiten der Situation überlegen, und er ist es, der es dem Fahrzeug möglich macht, sich vorwärts zu bewegen und sein Ziel zu erreichen.

Jeder der drei ist, für sich alleine, in der Lage, Aufgaben zu erfüllen, das ist wohl wahr. Jedoch das Zusammenwirken, das wir die Bewegung des Fahrzeuges nennen, kann nur geschehen, wenn alle drei im „Rechten Weg" miteinander verbunden sind.

Nur der „Mensch", das wahre Selbst, erkennt sowohl die Verbindung der drei Elemente untereinander, als auch, wie eines das andere braucht.

Bei den Sufis bedeutet das „Große Werk" die Erkenntnis, in der man die drei Elemente miteinander verbindet. Zu viele Menschen, ein zu ungeeignetes Pferd, ein zu leichtes oder zu schweres Fahrzeug, – und die Wirkung wird nicht eintreten.

Dieses Fragment wurde in einem Derwischnotizbuch in Persien festgehalten, und in den Sufischulen zwischen Damaskus und Delhi findet man viele Fassungen dieser Geschichte.

Die drei Lehrer und die Maultiertreiber

So groß war der Ruhm des Abdul Qadir, daß Mystiker der verschiedensten Glaubensrichtungen in seiner Empfangshalle sich um ihn scharten, und es herrschte bei allen edelster Anstand und Beobachtung der überlieferten Sitten. Diese frommen Männer ordneten sich je nach Rang und Alter ein, entsprechend dem Ruhm ihrer Lehrer, aber auch nach dem Rang, den sie selbst in ihren eigenen Gemeinschaften hatten.

Außerdem wetteiferten sie miteinander in Aufmerksamkeiten für den „Sultan der Lehrer", Abdul Qadir. Sein eigenes Benehmen war unfehlbar, und bei diesen Zusammenkünften gab es niemanden von niedriger Bildung oder mangelhafter Schulung.

Eines Tages jedoch kamen die drei Scheiche von Khorasan, Irak und Ägypten, von einer Pilgerfahrt nach Mekka zurückkehrend, zum Dargah, begleitet von drei ungebildeten Maultiertreibern, die ihnen den Weg gezeigt hatten. Während der Reise waren ihnen die Unsitten und Dummheiten dieser drei Männer eine rechte Last gewesen. Als sie nun in die Gesellschaft des Sheikhs kamen, waren sie von dem Gedanken beglückt, die Begleiter los zu sein, aber auch, weil ihr Wunsch erfüllt war, den Großen Sheikh zu sehen.

Im Gegensatz zu der üblichen Sitte, kam der

Sheikh selber auf sie zu, um sie zu begrüßen. Zwischen ihm und den Maultiertreibern aber gab es nicht den geringsten Gruß. Jedoch später am Abend, als sich die drei Scheiche zu ihren Quartieren begaben, konnten sie zufällig beobachten, wie der Sheikh den Maultiertreibern Gutenacht sagte. Als sie respektvoll sein Zimmer verließen, küßte er ihre Hände. Die Scheichs waren überrascht und begriffen, daß nicht sie, sondern diese drei die geheimen Scheiche der Derwische waren. Sie folgten den Maultiertreibern und versuchten, mit ihnen in ein Gespräch zu kommen. Aber der Anführer der Maultiertreiber sagte nur: „Geht an eure Gebete und euer Gemurmel, ihr Scheiche, geht zu eurem Sufismus und eurer Suche nach der Wahrheit, mit der ihr uns sechsunddreißig Reisetage lang geplagt habt. Wir sind einfache Maultiertreiber und wollen nichts davon wissen."

Das also ist der Unterschied zwischen den geheimen Sufis und denen, die es nur an der Oberfläche sind.

Die „Jüdische Enzyklopädie" und Autoritäten der chassidischen Mystik wie Martin Buber haben, was Chronologie und Ähnlichkeit der Lehren anbelangt, die Verwandtschaft zwischen dieser Schule und den Spanischen Sufis bemerkt.

Diese Geschichte, die dem Sufi Abdul-Qadir aus Gilan (1077-1166) zugeschrieben wird, schreibt man auch dem Leben des Chassiden Rabbi Elimelech zu, der 1809 gestorben ist.

Abdul-Qadir, der wie Elimech bekannt war als „König", war der Gründer des Qadiri Derwischordens.

Bayazid und der selbstsüchtige Mann

Eines Tages warf ein Mann Bayazid, dem großen Mystiker des 9. Jahrhunderts, vor, er habe dreißig Jahre lang gefastet und gebetet und alles mögliche getan, und doch nicht die Wonne gefunden, die Bayazid beschreibe. Bayazid sagte ihm, er könne sie auch dann nicht finden, wenn er noch weitere dreihundert Jahre so weitermachen würde.

„Wie das?" fragte der Möchte-gern-Erleuchtete.

„Weil deine Eitelkeit und deine Nichtigkeit dir Schranken setzen."

„Nenne mir ein Mittel dagegen."

„Das Mittel ist so, daß du es nicht brauchen kannst."

„Sage es mir trotzdem."

Bayazid sagte: „Du mußt zum Barbier gehen und dir deinen beachtlichen Bart abnehmen lassen. Dann zieh alle deine Kleider aus und lege dir einen Gürtel um. Fülle einen Beutel mit Walnüssen und hänge ihn dir um den Hals. Geh auf den Marktplatz und rufe aus: ‚Ich gebe jedem Jungen eine Walnuß, der mir einen Schlag in den Nacken versetzt'. Dann geh weiter zum Gerichtshof, damit sie dich sehen."

„Aber das ist unmöglich. Nein, das kann ich nicht tun; bitte sage mir doch irgendetwas anderes, was dieselbe Wirkung hat."

„Dies ist der erste Schritt und der einzige", erwiderte Bayazid, „aber ich hatte dir ja gleich gesagt, daß du ihn nicht tun wirst. Daher ist dir nicht zu helfen."

El Ghazali unterstreicht mit diesem Gleichnis in seinem Werk „Das Elixier der Glückseligkeit" seinen oft wiederholten Gedanken, daß einige Menschen – für wie aufrichtig auf der Suche nach Wahrheit sie sich auch halten mögen oder auch anderen Leuten erscheinen – in Wirklichkeit doch durch Eitelkeit oder Selbstsucht getrieben werden, und in all ihrer Gelehrsamkeit vollständig beschränkt sind.

Timur Agha und die Sprache der Tiere

Es war einmal ein Türke mit Namen Timur Agha, der Stadt und Land, Dörfer und Märkte nach jemandem durchsuchte, der ihn die Sprache der Tiere und Vögel lehren könnte. Wohin er auch kam, stellte er diese Frage, denn er wußte, daß der große Najmuddin Kubra diese Fähigkeut besessen hatte, und er suchte jemanden aus der Traditionskette seiner Schüler, um dieses ungewöhnliche Wissen, die Lehre des Salomon, zu erlangen.

Schließlich, nachdem er die Tugenden der Standhaftigkeit und Großherzigkeit entwickelt hatte, rettete er das Leben eines gebrechlichen alten Derwisches, der im Gebirge in den Seilen einer Hängebrücke hing und ihm sagte: „Mein Sohn, ich bin Bahaudin, der Derwisch, und ich habe deine Gedanken gelesen. Von jetzt an wirst du die Sprache der Tiere verstehen." Timur versprach, dieses Geheimnis niemals irgendjemandem anzuvertrauen.

Timur Agha eilte nachhause auf seinen Hof. Bald hatte er eine Gelegenheit, seine neue Fähigkeit anzuwenden. Ein Ochse und ein Esel unterhielten sich in ihrer Sprache miteinander. Der Ochse sagte: „Ich muß einen Pflug ziehen, du aber mußt nur auf den Markt gehen. Du bist sicher klüger als ich. Gib mir also einen guten Rat, wie ich aus all dem rauskommen kann."

„Alles was du zu tun hast", sagte der listige Esel, „ist dies: lege dich hin und tu so, als hättest du schreckliche Magenschmerzen. Dann wird der Bauer sich um dich kümmern, denn du bist ein wertvolles Tier. Er wird dir erlauben, dich auszuruhen und dir besseres Futter geben." Aber natürlich hatte Timur Agha dies gehört. Als sich der Ochse hinlegte, sagte Timur mit lauter Stimme: „Ich werde diesen Ochsen heute Abend zum Schlachten bringen, wenn es nicht in einer halben Stunde besser mit ihm wird." Und es wurde besser, sehr viel besser!

Timur mußte lachen, und seine Frau – die von Natur neugierig und trotzig war – wollte unbedingt wissen, warum er lachte. Er dachte an sein Versprechen und weigerte sich, es ihr zu erzählen.

Am nächsten Tag gingen sie zum Markt, der Bauer zu Fuß, sein Weib auf dem Esel reitend, das kleine Eselchen lief hinterher. Das kleine

Eselchen schrie, und Timur verstand, daß es zu seiner Mutter sagte: „Ich kann nicht mehr laufen, laß mich auf deinen Rücken." Die Mutter antwortete in der Eselssprache: „Ich trage die Frau des Bauern, und wir sind nur Tiere, das ist unser Schicksal. Ich kann nichts für dich tun, mein Kind."

Sogleich ließ Timur seine Frau vom Esel absteigen und gab ihm eine Ruhepause. Sie rasteten unter einem Baum. Die Frau war wütend, aber Timur sagte nur: „Ich meine, es ist Zeit, sich auszuruhen."

Der Esel dachte bei sich: „Der Mann versteht unsere Sprache. Er muß gehört haben, wie ich mich mit dem Ochsen unterhalten habe, und eben darum hat er gedroht, ihn zum Schlachten zu bringen. Aber mir hat er nichts getan, ja er hat meine List sogar mit Güte beantwortet."

Er schrie: „Dankeschön, Meister." Timur lachte über das Geheimnis, das er besaß, aber sein Weib war wütend.

„Es scheint mir, als wüßtest du etwas über die Sprache, mit der diese Tiere sich unterhalten", sagte sie.

„Wer hat je etwas von einem sprechenden Tier gehört?" fragte Timur.

Zuhause schüttete er dem Ochsen frisches Stroh auf, das sie gekauft hatten, und dieser sagte: „Dein Weib plagt dich, und dein Geheimnis wird unter diesen Umständen bald herauskommen. Wenn du armer Mann es nur begreifen würdest, könntest du ihr gutes Benehmen beibringen, und dich selber in Sicherheit bringen, indem du ihr ganz einfach drohst, sie mit einem Stock, nicht dicker als dein kleiner Finger, zu schlagen."

„So ist das also", sagte Timur, „daß dieser Ochse, dem ich mit dem Schlachthaus gedroht habe, sich um mein Wohlergehen sorgt."

Er ging zu seinem Weib, nahm ein kleines Stöckchen und sagte: „Willst du dich wohl anständig benehmen und aufhören, mich auszufragen, selbst wenn ich noch so viel lache!"

Darüber erschrak sie sehr, denn noch nie hatte er so mit ihr gesprochen. Und er mußte ihr nichts verraten und war bewahrt vor dem furchtbaren Schicksal, das diejenigen erwartet, die Geheimnisse weitergeben an jene, die noch nicht fähig sind, sie zu empfangen.

Timur Agha hat im Volksmund den Ruf, Sinn und Bedeutung in den scheinbar unwichtigen Dingen wahrnehmen zu können.

Diese Geschichte, von der es heißt, daß sie – dem Erzähler und dem Zuhörer – „baraka", Segen, bringt, ist vom Balkan bis zum Nahen Osten verbreitet. Wie viele Sufigeschichten, ist sie als Märchen verkleidet.

In einer früheren Fassung wird diese Geschichte Abu-Ishak Chishti zugeschrieben, der im 10. Jahrhundert Oberhaupt der „Singenden Derwische" war.

Wie das Wissen erworben wurde

Es war einmal ein Mann, der zu dem Schluß kam, er brauche Erkenntnis. Er machte sich auf, um danach zu suchen, indem er sich zum Haus eines gebildeten Mannes begab.

Dort sagte er: „Sufi, du bist ein weiser Mann! Gib mir etwas von deinem Wissen ab, so daß ich es wachsen lassen kann und etwas aus mir wird, denn ich fühle, daß ich nichts bin."

Der Sufi sagte: „Ich kann dir das Wissen im Tausch für etwas geben, was ich selber brauche. Geh und bring mir einen kleinen Teppich, denn den muß ich jemandem geben, der dadurch unser heiliges Werk zu fördern vermag!"

So machte der Mann sich auf den Weg. Er kam zu einem Teppichladen und sagte dem Besitzer: „Gib mir einen Teppich, nur einen kleinen Teppich, denn ich muß ihn einem Sufi geben, der mir Wissen geben wird. Er braucht den Teppich, um ihn jemandem zu geben, der imstande ist, unser heiliges Werk zu fördern."

Der Teppichhändler sagte: „Das betrifft deine Lage und das Werk jenes Sufis und ist das, was jener Mann braucht, der den Teppich bekommen soll. Aber was ist mit mir? Ich brauche Garn zum Teppichweben. Bring mir welches, und ich werde dir helfen."

So ging der Mann weiter und suchte jemanden, der ihm Garn geben konnte. Als er zur Hütte einer Spinnerin kam, sagte er zu ihr: »Spinnerin, gib mir Garn. Ich muß es für den Teppichhändler haben, der mir einen Teppich geben wird, den ich einem Sufi geben werde, der ihn einem Manne geben wird, der unsere heilige Arbeit fördern soll. Dafür werde ich Wissen empfangen, das ich mir wünsche."

Die Frau antwortete sogleich: „Du brauchst Garn, aber was ist mit mir? Laß das Gerede über dich und deinen Sufi und deinen Teppichhändler und den Mann, der den Teppich bekommen muß. Was ist mit mir? Ich brauche Ziegenhaar, um Garn zu machen. Bring mir etwas und du kannst dein Garn bekommen."

So ging der Mann weiter, bis er zu einem Ziegenhirten kam, und erzählte ihm, was er brauchte. Der Ziegenhirte sagte: „Und was ist mit mir? Du brauchst Ziegenhaar, um Wissen zu kaufen, ich brauche Ziegen, um das Haar zu beschaffen. Bring mir eine Ziege, und ich werde dir helfen."

So ging der Mann weiter und suchte jemanden, der Ziegen verkaufte. Als er so einen Mann fand, erzählte er ihm seine Schwierigkeiten, und der Mann sagte: „Was weiß ich über Wissen oder Garn oder Teppiche? Alles, was ich weiß, ist, daß jeder offensichtlich auf seinen eigenen Vorteil bedacht ist. Laß uns statt dessen lieber von dem sprechen, was *ich* brauche, und wenn du mir das besorgen kannst, dann werden wir uns über Ziegen unterhalten, und du kannst so viel über Wissen nachdenken, wie du willst."

„Was brauchst du denn?" fragte der Mann.

„Ich brauche ein Gehege, um meine Ziegen nachts darin zu halten, denn sie streunen überall in der Gegend herum. Bring mir eines, und dann können wir uns über ein oder zwei Ziegen für dich unterhalten."

Der Mann wanderte weiter, um ein Gehege zu suchen. Seine Erkundigungen brachten ihn zu einem Zimmermann, der sagte: „Ja, ich kann ein Gehege für diesen Mann machen. Im übrigen aber, hättest du dir die Einzelheiten sparen können, denn ich interessiere mich nicht für Teppiche oder Wissen oder dergleichen. Aber ich habe einen Wunsch, und es ist dein eigener Vorteil, wenn du mir zu seiner Erfüllung verhilfst. Andernfalls brauche ich dir nicht mit deinem Gehege zu helfen."

„Und was ist das für ein Wunsch?" fragte der Mann.

„Ich möchte heiraten, und es scheint, daß niemand mich heiraten will. Sieh zu, daß du mir eine Frau verschaffst, und dann werden wir uns über deine Probleme unterhalten."

Da ging der Mann weiter, und nachdem er sich gründlich umgehört hatte, fand er endlich eine Frau, die sagte: „Ich kenne eine junge Frau, die keinen anderen Wunsch hat, als genauso einen Zimmermann zu heiraten, wie du ihn beschreibst. Sie hat tatsächlich ihr ganzes Leben nur an ihn gedacht. Es muß eine Art Wunder sein, daß es ihn gibt, und daß sie durch dich und mich von ihm erfahren kann. Aber was ist mit mir? Jeder will, was er will, und die Leute scheinen alles mögliche zu brauchen oder zu wünschen oder bilden sich ein, daß sie Hilfe brauchen oder wollen wirklich Hilfe haben, aber bislang hat noch niemand danach gefragt, was denn ich brauche."

„Und was brauchst du?" fragte der Mann.

„Ich möchte nur eines", antwortete ihm die Frau, „und ich habe es mir schon mein Lebenlang gewünscht. Hilf mir, es zu bekommen, und du kannst alles haben, was ich besitze. Was ich mir wünsche – nachdem ich alles andere kennengelernt habe, das ist – Wissen."

„Aber wir können das Wissen nicht erlangen ohne einen Teppich", sagte der Mann.

„Ich weiß nicht, was Wissen ist, aber ich bin überzeugt davon, daß es kein Teppich ist", erwiderte die Frau.

„Nein", sagte der Mann und merkte, daß er Geduld haben mußte, „aber mit dem Mädchen für den Zimmermann können wir das Gehege für die Ziegen bekommen. Mit dem Gehege für die Ziegen können wir Ziegenhaar für die Spinnerin bekommen. Mit dem Ziegenhaar können wir Garn bekommen. Mit dem Garn können wir den Teppich bekommen. Durch den Teppich aber können wir das Wissen erlangen."

„Das klingt töricht für mich", entgegnete die Frau, „und was mich angeht, so werde ich da nicht mitmachen."

Ungeachtet seiner Bitten, schickte sie ihn fort.

Diese Schwierigkeiten und die Verwirrung, in die sie ihn brachten, ließen ihn schließlich beinahe an der Menschheit verzweifeln. Er zweifelte daran, ob er das Wissen überhaupt würde anwenden können, auch wenn er es schließlich doch bekäme. Und er hätte gerne gewußt, warum all diese Leute nur an ihren eigenen Vorteil dachten. Und mit der Zeit dachte er schließlich nur noch an den Teppich.

Eines Tages wanderte dieser Mann, vor sich hinmurmelnd, durch die Straßen einer Marktstadt.

Da war nun ein Kaufmann, der ihn hörte und sich an ihn heranmachte, um seine Worte zu verstehen. Er hörte den Mann sagen: „Es wird ein Teppich gebraucht, um ihn einem Manne zu geben, damit dieser imstande ist, unser heiliges Werk zu tun."

Der Kaufmann erkannte, daß es mit dem Wanderer eine besondere Bewandtnis hatte, und sprach ihn an:

„Wandernder Derwisch, ich verstehe deinen Singsang nicht, aber ich habe größte Hochachtung für Leute wie dich, die mitwandern auf dem ‚Pfade der Wahrheit'. Bitte hilf mir, wenn du willst, denn ich weiß, daß die Sufis eine bestimmte Aufgabe unter den Menschen haben."

Der Wanderer schaute auf und sah den Kummer im Gesicht des Kaufmanns und sagte zu ihm: „Ich leide, und ich habe gelitten. Du hast zweifellos Kummer, aber ich habe nichts für dich. Ich kann nicht einmal ein Stück Garn bekommen, wenn ich es brauche. Doch frage mich nur, und ich will alles tun, was ich kann."

„Höre, glückbringender Mann!" sagte der Kaufmann, „ich habe eine einzige und schöne

Tochter. Sie leidet an einer Krankheit und siecht dahin. Gehe zu ihr und vielleicht bist du es, der ihr Heilung bringt."

Das also war der Kummer des Mannes, und seine Hoffnung war so groß, daß der Wanderer mit ihm an das Bett des Mädchens ging.

Sowie sie ihn sah, sagte sie: „Ich kenne dich nicht, aber ich fühle, daß du es bist, der mir vielleicht helfen kann. Ich weiß jedenfalls sonst niemanden. Ich liebe einen bestimmten Zimmermann." Und sie nannte den Namen des Mannes, den der Wanderer gebeten hatte, ihm das Gehege für die Ziegen zu bauen.

„Deine Tochter möchte einen gewissen ehrenwerten Zimmermann heiraten, den ich kenne", berichtete der Kaufmann. Der Kaufmann war überglücklich, denn er hatte in seinem Herzen schon gemeint, das Gerede des Mädchens über den Zimmermann sei ein Ausdruck, nicht aber die Ursache ihrer Krankheit. Er hatte nämlich gedacht, sie sei verrückt.

Der Wanderer ging zu dem Zimmermann, der das Gehege für die Ziegen anfertigte. Der Ziegenverkäufer bot ihm einige schöne Tiere an; er brachte sie dem Ziegenhirten, der ihm Ziegenhaar gab, das er der Spinnerin brachte, die gab ihm Garn. Dann brachte er dem Teppichhändler das Garn, der gab ihm einen kleinen Teppich.

Diesen Teppich brachte er schließlich dem Sufi. Als er zu dem weisen Manne kam, sagte dieser: „Jetzt kann ich dir das Wissen geben; denn du konntest mir den Teppich erst bringen, wenn du dich für den Teppich einsetzt, nicht aber für dich selber."

Die „verborgene Dimension" des Lebens, durch deren Kenntnis ein Sufimeister seine Schüler bewegt – manchmal, indem er ihnen ein Joch auferlegt – trotz egoistischer Begierden doch die Entwicklung durchzumachen, ist in dieser Geschichte gut dargestellt.

Sie stammt aus den mündlichen Überlieferungen der Derwische von Badakshan. In der hier vorliegenden märchenhaften Form ist sie geprägt von Khwaja Mohamed Baba Samasi. Er war der Große Meister des Ordens der Meister, der dritte in der Traditionskette vor Bahaudin Naqshband. Er starb 1354.

Der Mann, dessen Stunde noch nicht gekommen war

Einst lebte in Bagdad ein reicher Kaufmann. Er besaß ein ansehnliches Haus, kleinere und größere Grundstücke und Schiffe, die mit reicher Fracht nach Indien segelten. All dies hatte er teils durch Erbschaft bekommen, teils durch eigene Anstrengung zur rechten Zeit und am rechten Ort, teils aber auch durch die wohlwollenden guten Ratschläge und Anweisungen des Königs des Westens, wie der Sultan von Cordoba zu jener Zeit genannt wurde.

Dann schlug das Schicksal um. Ein unbarmherziger Tyrann bemächtigte sich des Landes und der Häuser. Schiffe, die nach Indien unterwegs waren, kenterten in Taifunstürmen, Unheil traf sein Haus und seine Familie. Selbst gute Freunde konnten nicht mehr in Eintracht mit ihm leben, obwohl sie und auch er selbst sich gute, freundschaftliche Gemeinschaft wünschten.

Der Kaufmann entschloß sich, nach Spanien zu reisen, um seinen ehemaligen Gönner aufzusuchen. Er brach auf und durchquerte die Westliche Wüste. Unterwegs traf ihn ein Unglück nach dem anderen. Sein Esel starb; er wurde von Räubern gefangen und als Sklave verkauft, konnte jedoch unter größten Schwierigkeiten entfliehen; sein von der Sonne gegerbtes Gesicht war schließlich wie Leder; in den Dörfern trieben die Leute ihn roh von ihren Türen weg. Dann und wann gab ein Derwisch ihm einen Brocken zu essen und einen Lumpen zum Anziehen. Manchmal konnte er doch ein bißchen frisches Wasser aus einem Tümpel schöpfen, aber meistens war es brackig.

Schließlich erreichte er den Eingang zum Palast des Königs des Westens.

Sogar hier hatte er die größten Schwierigkeiten, eingelassen zu werden. Soldaten stießen ihn mit dem Schaft ihrer Lanzen fort, Kammerherren weigerten sich, mit ihm zu sprechen. Man wies ihm am Hofe eine untergeordnete Arbeit an, bis er genug verdiente, um sich ein anständiges Gewand zu kaufen, das er anziehen konnte, um sich beim Zeremonienmeister zu melden und zur königlichen Audienz zugelassen zu werden.

Aber er dachte stets daran, daß er in der Nähe des Königs war, und die Erinnerung an die Wohltaten, die der Sultan ihm einst erwiesen hatte, war noch in ihm lebendig. Weil er jedoch so lange in diesem Zustand der Armut und Not gewesen war, hatten seine Manieren gelitten, und der Zeremonienmeister bestimmte, er müsse Unterricht in gutem Benehmen und Selbstdisziplin bekommen, bevor er ihm erlauben könnte, bei Hofe vorgestellt zu werden.

All dies ertrug der Kaufmann, bis man ihn, drei Jahre nachdem er Bagdad verlassen hatte, in die Audienzhalle eintreten ließ.

Der König erkannte ihn sofort, fragte ihn, wie es ihm gehe, und bat ihn, auf einem Ehrenplatz an seiner Seite Platz zu nehmen.

„Majestät", sagte der Kaufmann, „ich habe in den vergangenen Jahren Furchtbares erlitten. Meine Ländereien wurden mir entrissen, man hat mich meines väterlichen Erbes beraubt, meine Schiffe gingen unter und mit ihnen mein ganzes Vermögen. Drei Jahre kämpfte ich gegen Hunger, Räuber, in der Wüste und unter Menschen, deren Sprache ich nicht verstand. Hier bin ich nun, angewiesen auf die Gnade Eurer Majestät."

Der König wandte sich an den Kammerherren: „Gib ihm hundert Schafe, mache ihn zum königlichen Schafhirten, schick ihn hinauf in die Berge, und laß ihn weiterarbeiten."

Doch ein wenig enttäuscht, weil die Großmut des Königs etwas hinter seiner Erwartung zurückgeblieben war, zog der Kaufmann sich unter Wahrung der üblichen Grußzeremonien zurück.

Kaum war er mit seinen Schafen auf der kargen Weide angekommen, als sie von einer Seuche befallen wurden, an der sie alle eingingen. Er kehrte an den Hof zurück.

„Wie geht es deinen Schafen?" fragte der König, als er ihn empfing.

„Majestät, sie sind eingegangen, kaum daß ich sie auf die Weide gebracht hatte."

Der König gab ein Zeichen und ordnete an: „Gib diesem Mann fünfzig Schafe, er soll sie bis auf weiteres hüten."

Beschämt und verzweifelt zog der Schäfer mit den fünfzig Schafen in die Berge. Sie knabberten zufrieden ihr Gras, bis ein paar wilde Hunde erschienen und sie über einen Steilhang jagten, an dem sie alle in den Tod stürzten.

Der Kaufmann kehrte tief bekümmert zum König zurück und erzählte ihm was geschehen war.

„Nun gut", sagte der König, „du kannst nun fünfundzwanzig Schafe bekommen und weitermachen wie bisher."

Fast ohne Hoffnung im Herzen und maßlos verzweifelt, weil er sich in keiner Weise für einen brauchbaren Schäfer hielt, brachte der Kaufmann seine Schafe auf die Weide. Kaum waren sie dort, als alle Mutterschafe Zwillingslämmer warfen, wodurch sich seine Herde nahezu verdoppelte. Und noch einmal wurden Zwillingslämmer geboren. Diese neuen Schafe waren dick und gut in der Wolle und ihr Fleisch besonders schmackhaft. Als der Kaufmann einige der Schafe verkaufte und andere kaufte, konnte er bald feststellen, daß die anfangs etwas kümmerlichen und mageren unter den gekauften Tieren kräftiger und gesund wurden und der erstaunlichen neuen Rasse glichen, die er gezogen hatte. Nach drei Jahren konnte er, schön gekleidet, an den Hof zurückkehren und berichten, wie die Schafe unter seiner Obhut gediehen waren. Er wurde sofort beim König vorgelassen.

„Bist du jetzt ein erfolgreicher Schäfer?" fragte der Monarch.

„Ja, das bin ich, Majestät. Auf unbegreifliche Weise hat sich mein Schicksal gewendet, und ich kann sagen, daß nichts schlecht gelaufen ist – obgleich ich noch immer keine besondere Neigung zur Schafzucht verspüre."

„Sehr gut", sagte der König, „da ist das Königreich von Sevilla, dessen Thron ich zu vergeben habe. Geh und laß verkünden, daß ich dich zum König von Sevilla mache." Und er berührte ihn mit der Zeremonialaxt an der Schulter.

Der Kaufmann konnte sich nicht zurückhalten und rief aus: „Aber warum hast du mich nicht zum König gemacht, als ich zum ersten Mal zu dir kam? Wolltest du meine Geduld prüfen, die doch schon bis zum Zerreißen gespannt war? Oder sollte ich etwas daraus lernen?"

Da lachte der König. „Laß uns nur so viel sagen: Wenn du an dem Tage, da du die hundert Schafe in die Berge brachtest und verloren hast, die Herrschaft über das Königreich von Sevilla angetreten hättest, wäre heute dort kein Stein mehr auf dem anderen."

Abdul-Qadir Gilani wurde im 11. Jahrhundert in der Nähe des Südufers des Kaspischen Meeres geboren. Wegen seiner Abstammung von Hasan, dem Enkel Mohammeds, wird er Sayedna – „unser Prinz" – genannt. Der einflußreiche Qadiri Orden ist nach ihm benannt. Es heißt von ihm, er habe schon als Kind paranormale Kräfte entwickelt, habe in Bagdad studiert und viel Zeit und Arbeit für den Versuch aufgewandt, eine freie allgemeine Volksschule einzuführen. Shahabudin Suhrawardi, einer der bedeutendsten Verfasser von Sufischriften, – er schrieb „Die Gaben der tiefen Erkenntnis" –, war sein Schüler. Von den beiden Männern werden ungezählte Wundertaten berichtet.

Er hatte eine große Anzahl jüdischer und christlicher sowie auch muselmanischer Schüler. 1166 starb er. Als er auf dem Totenbett lag, erschien ein geheimnisvoller Araber mit einem Brief. Darin stand geschrieben: „Dies ist ein Brief des Liebenden an seinen Geliebten. Jeder Mensch und jedes Tier muß den Tod schmecken." Sein Schrein befindet sich in Bagdad.

Da Abdul Qadir allgemein als ein Heiliger verehrt wird, sind im Osten viele Hagiographien verbreitet, die von seinem Leben berichten. Sie sind voller Wunder und merkwürdiger Vorstellungen.

Eines dieser Bücher – Hiyat-i-Hazrat („Leben der Gegenwärtigkeit") – beginnt folgendermaßen:

„Seine Erscheinung war ehrfurchtgebietend. Nur ein einziger Schüler wagte es eines Tages, ihm eine Frage zu stellen. Diese lautete: ‚Kannst du uns nicht die Macht geben, die Welt zu verbessern und all die vielen Menschen hier auf Erden?' Seine Stirne umwölkte sich, und er sagte: ‚Ich werde etwas besseres tun: Ich werde diese Macht euren Nachkommen verleihen, denn noch besteht keine Hoffnung, daß eine solche Besserung in genügend großem Ausmaß erreicht werden könnte. Die Voraussetzungen sind noch nicht gegeben. Ihr werdet belohnt werden; und sie werden den Lohn für ihre Anstrengungen und für euer Streben bekommen.'"

Ein ähnliches Gespür für die rechte Zeit wird in der Geschichte vom „Mann, dessen Zeit noch nicht gekommen war" sichtbar.

Fatima, die Spinnerin, und das Zelt

Einst lebte in einer Stadt im Fernsten Westen ein Mädchen mit Namen Fatima. Sie war die Tochter eines erfolgreichen Spinners. Eines Tages sagte der Vater zu ihr: „Komm, meine Tochter, wir wollen eine Reise machen, denn ich muß auf den Inseln des Mittelmeeres einem Geschäft nachgehen. Vielleicht lernst du einen hübschen jungen Mann in guter Position kennen, den du heiraten kannst."

Sie brachen auf und reisten von Insel zu Insel, der Vater ging seinem Handel nach, und Fatima träumte von dem Ehemann, der ihr bald angehören würde. Eines Tages aber, sie waren auf dem Wege nach Kreta, kam ein Sturm auf, und sie erlitten Schiffbruch. Fatima wurde in der Nähe von Alexandria halb bewußtlos an den Strand geschwemmt. Ihr Vater war tot, und sie völlig mittellos.

Nur dunkel konnte sie sich an ihr früheres Leben erinnern, denn das Erlebnis des Schiffbruches und die Zeit, in der sie dem Meere preisgegeben war, hatten sie völlig erschöpft.

Wie sie nun am Strande entlangging, traf sie eine Familie von Tuchwirkern. Obgleich sie arm waren, nahmen sie das Mädchen zu sich in ihre dürftige Hütte und lehrten sie ihr Handwerk. So baute Fatima sich ein zweites Leben auf, und nach einem oder zwei Jahren war sie glücklich und mit ihrem Schicksal ausgesöhnt. Aber als sie eines Tages aus irgendeinem Grunde am Strande war, landete eine Bande Sklavenhändler, ergriff sie und nahm sie samt anderen Gefangenen mit sich fort.

Bitter beweinte Fatima ihr Los, stieß aber bei den Sklavenhändlern auf keinerlei Verständnis; sie nahmen sie mit nach Istanbul und verkauften sie als Sklavin.

Zum zweiten Mal war ihr die Welt zusammengebrochen. Nun wollte es das Glück, daß nur wenige Käufer auf dem Markte waren. Einer dieser Männer hielt Ausschau nach Sklaven, die auf seinem Zimmermannsplatz arbeiten sollten, wo er Schiffsmasten herstellte. Als er die unglückliche Fatima in ihrer Mutlosigkeit sah, entschloß er sich, sie zu kaufen, weil er dachte, daß er ihr auf diese Weise vielleicht ein etwas leichteres Los verschaffen könnte, als wenn irgendein anderer sie kaufte.

Er nahm Fatima mit sich nach Hause und hatte die Absicht, sie als Dienstmagd seiner Frau einzustellen. Aber als er zu Hause ankam, mußte er erfahren, daß er sein ganzes in einer Schiffsladung investiertes Geld verloren hatte; sie war von Seeräubern gekapert worden. Er konnte sich keine Arbeiter mehr leisten, so waren er, Fatima und sein Weib alleine mit der schweren Arbeit, der Herstellung von Schiffsmasten.

Fatima war ihrem Brotherren dankbar für die Errettung und arbeitete so hart und so gut, daß er ihr die Freiheit schenkte, und sie wurde sein Verwalter. So also kann man sagen, daß sie doch auch in ihrer dritten Laufbahn einigermaßen glücklich wurde.

Eines Tages sagte er zu Fatima: „Fatima, ich möchte, daß du als mein Verwalter eine Ladung Schiffsmasten nach Java begleitest, und du kannst sicher sein, daß du sie mit gutem Gewinn verkaufen wirst."

Sie reiste ab, aber als das Schiff an der Küste Chinas entlangfuhr, wurde es das Opfer eines Taifuns, und wieder geschah es, daß sie auf den Strand eines fremden Landes geworfen wurde. Wieder einmal weinte sie bittere Tränen, fühlte sie doch, daß nichts in ihrem Leben so lief, wie sie es erhoffte. Immer wenn sich irgend etwas gut anließ, trat ein Ereignis ein, das alle Hoffnungen zerstörte.

„Warum", so rief sie nun zum dritten Mal, „warum ist es so, daß mir alles, was ich anfange, zum Unglück ausschlägt? Warum muß mir so viel Leid widerfahren?" Aber es gab keine Antwort. So richtete sie sich mühsam auf, um ins Land hineinzuwandern.

Nun hatte zwar niemand in China je etwas

von Fatima gehört oder irgend etwas von ihrem Unglück gewußt. Aber es gab da eine Legende, nach der eines Tages ein Fremdling, eine Frau, ankommen und fähig sein würde, ein Zelt für den Kaiser zu machen. Und nachdem es bislang niemanden in China gab, der Zelte bauen konnte, sahen alle mit gespanntester Erwartung der Erfüllung dieser Vorhersage entgegen.

Damit dieser Fremdling, wenn er ankommen sollte, nicht übersehen würde, beobachteten die jeweiligen Kaiser von China die Sitte, einmal im Jahr in alle Städte und Dörfer des Landes Herolde zu senden, die nach einer Frau aus der Fremde fragten, um sie bei Hofe vorzustellen.

Als Fatima in der Nähe der chinesischen Küste in eine Stadt kam, war dies nun gerade einmal wieder der Fall. Mithilfe eines Dolmetschers sprachen die Leute sie an und erklärten ihr, daß sie zum Kaiser gehen solle.

Als Fatima vor den Kaiser gebracht wurde, fragte er sie: „Werte Frau, kannst du ein Zelt machen?"

„Ich denke schon", sagte Fatima.

Sie bat um Seile, aber es gab keine. Da erinnerte sie sich an ihre Zeit als Spinnerin, sammelte Flachs und drehte Seile. Dann bat sie um kräftiges Tuch, aber die Chinesen hatten keines von der Art wie sie es brauchte. Da erinnerte sie sich an die Kenntnisse, die sie bei den Webern in Alexandria erworben hatte, und stellte festes Zelttuch her. Dann brauchte sie Zeltpfosten, aber in China gab es keine. So dachte Fatima an das, was sie in Istanbul bei dem Zimmermann gelernt hatte, und machte kräftige Zeltpflöcke. Als sie auch damit fertig war, strengte sie ihren Verstand an, um sich auf all die Zelte zu besinnen, die sie auf ihren Reisen gesehen hatte: und siehe da, sie baute ein Zelt!

Als dieses Wunder dem Kaiser von China gezeigt wurde, sagte er Fatima zu, ihr einen Wunsch zu erfüllen, sie möge ihn nur aussprechen. Sie wünschte sich, in China zu bleiben, heiratete einen hübschen Prinzen und war glücklich im Kreise ihrer Kinder bis zum Ende ihrer Tage.

Gerade durch die vielen Abenteuer erkannte Fatima, daß sich all das, was ihr als unangenehme Erfahrung erschienen war, als wesentlicher Teil dessen herausstellte, wodurch schließlich ihr Glück begründet wurde.

Diese Geschichte ist als griechische Volkserzählung weit verbreitet. Es stammen jedoch viele ihrer noch heute verwendeten Motive aus Derwisch-Legenden. Die hier vorliegende Fassung wird Sheikh Mohamed Jamaludin von Adrianopel zugeschrieben. Er gründete den Jamalia Orden („Die Schönen“) und starb 1750.

Die eigenwillige Prinzessin

Es war einmal ein König, der an das glaubte, was man ihn gelehrt hatte, und davon überzeugt war, daß das, was er glaubte, das Rechte sei. In vieler

Hinsicht war er ein aufrichtiger Mensch, seine Vorstellungen waren jedoch begrenzt.

Eines Tages sagte er zu seinen drei Töchtern: „Alles was ich besitze, gehört euch oder wird euch gehören. Durch mich habt ihr euer Leben empfangen. Mein Wille entscheidet über eure Zukunft und daher über euer Schicksal."

Zwei der Töchter stimmten pflichtschuldig bei, überzeugt von der Wahrheit des Gesagten.

Die dritte Tochter aber sagte: „Obgleich ich in meiner Lage den Gesetzen des Landes gehorchen muß, kann ich doch nicht glauben, daß mein Schicksal immer durch deine Ansichten und Absichten bestimmt werden muß."

„Das werden wir sehen!" sagte der König.

Er befahl, sie in eine kleine Zelle zu sperren, in der die Prinzessin jahrelang schmachtete. Inzwischen verbrauchten der König und seine gehorsamen Töchter unbekümmert das Vermögen, das eigentlich ihr zustand.

Der König sagte sich: „Das Mädchen liegt nicht im Gefängnis, weil es ihr, sondern weil es mein Wille ist. Das beweist jedem logischen Verstand hinlänglich, daß *mein* Wille und nicht der ihre ihr Schicksal bestimmt."

Als das Volk dieses Landes von der Lage der Prinzessin hörte, sagten sie untereinander: „Sie muß etwas gesagt oder getan haben, was für den Monarchen, an dem wir keinen Fehl finden, sehr schlimm ist, sonst würde er sein eigen Fleisch und Blut nicht so behandeln." Denn sie waren noch nicht auf der Stufe angelangt, auf der man es für notwendig hält, alles, was der König für recht und gerecht hält, für anfechtbar zu halten.

Von Zeit zu Zeit besuchte der König das Mädchen. Obgleich sie durch die Gefangenschaft blaß und geschwächt war, weigerte sie sich, ihre Einstellung zu ändern.

Schließlich war der König mit seiner Geduld am Ende: „Dein ständiger Trotz", so sagte er zu ihr, „wird mich nur immer mehr ärgern und scheint meine Rechte zu schmälern, wenn du im Königreich bleibst. Ich könnte dich töten; aber ich lasse Gnade walten. Darum verbanne ich dich in die an mein Reich angrenzende Wildnis. In dieser Wildnis leben nur wilde Tiere und jene Überspannten und Ausgestoßenen, die in unserer vernünftigen Gesellschaft nicht überleben können. Da wirst du bald merken, ob es möglich ist, ein Leben außerhalb der Familie zu leben, und wenn das möglich sein sollte, ob du es dann dem Leben mit uns vorziehst."

Sein Befehl wurde sogleich ausgeführt, und man schaffte die Prinzessin an die Grenze des Königreiches. Da fand sie sich nun in einem unwirtlichen Lande ausgesetzt, das wenig Ähnlichkeit mit der behüteten Umgebung hatte, in der sie aufgewachsen war. Aber schnell lernte sie, daß eine Höhle ihr als Wohnung dienen konnte, daß sie Nüsse und Früchte ebenso gut von den Bäumen wie von goldenen Schüsseln essen konnte, und daß die Sonne sie wärmte.

Diese Wildnis hatte ihr eigenes Klima und ihre eigenen Lebensbedingungen. Nach einiger

Zeit hatte sie ihr Leben so eingerichtet, daß sie Wasser von der Quelle, Früchte von der Erde und Feuer von einem schwelenden Baum erhielt.

„Hier", so sagte sie zu sich selber, „ist ein Leben, in dem die Elemente zusammenstimmen. Sie bilden ein Ganzes und doch gehorchen sie in keiner Weise den Befehlen meines Vaters, des Königs."

Eines Tages geschah es, daß ein verirrter Reisender – und wie es das Schicksal wollte, war es ein sehr reicher und aufrichtiger Mensch – die verbannte Prinzessin entdeckte. Er verliebte sich in sie und nahm sie mit sich in sein eigenes Land, wo sie heirateten.

Nach einiger Zeit beschlossen die beiden, in die Wildnis zurückzukehren, dort errichteten sie eine weitläufige und blühende Stadt, in der ihre Weisheit, ihre Klugheit und ihre Redlichkeit aufs beste regierten. Die „Überspannten" und sonstigen Ausgestoßenen, von denen viele für verrückt gehalten worden waren, standen vollständig und zum allgemeinen Nutzen mit diesem vielseitigen Leben in Einklang.

Die Stadt und das Land ringsum wurden in der ganzen Welt berühmt. Es dauerte nicht lange, bis ihre Macht und Schönheit das Königreich des Vaters der Prinzessin weit in den Schatten gestellt hatten.

Durch die einstimmige Wahl der Bewohner waren die Prinzessin und ihr Gemahl gewählt worden, diesem neuen und vollkommenen Königreich vorzustehen.

Endlich entschloß der König sich, den merkwürdigen und geheimnisvollen Ort aufzusuchen, der da mitten in der Wildnis aufgeblüht war und, wie er hörte, zumindest teilweise von jenen Menschen bevölkert, die er und seinesgleichen verachteten.

Als er sich mit geneigtem Haupte dem Fuße des Thrones nahte, auf dem das junge Königspaar saß, und seine Augen aufhob, um jenen zu begegnen, deren Ruf der Gerechtigkeit, des Glückes und der Einsicht den seinen weit übertraf, da konnte er die geflüsterten Worte seiner Tochter hören und verstehen, sie sagte: „Siehst du, Vater, jeder Mann und jede Frau hat ihr eigenes Schicksal und hat selber die Möglichkeit, zu wählen."

Nach einem Sufimanuskript traf der Sultan Saladin den großen Lehrer Ahmed al-Rifai, den Gründer des Rifai Ordens der „Heulenden Derwische", und stellte ihm verschiedene Fragen.

Die vorliegende Geschichte erzählte Rifai als Antwort auf folgende Frage: „Was für einen Grund – falls es überhaupt einen gibt – hast du für die Annahme, daß die Einsetzung der Gesetzesregeln nicht ausreicht, um Glück und Gerechtigkeit zu erreichen?"

Die Begegnung fand 1174 statt, jedoch die Geschichte, die nicht nur in der Überlieferung der Sufis bekannt ist, wird seither erzählt, um die Möglichkeit „eines anderen Bewußtseinszustandes" im Menschen anschaulich zu machen.

Das Gleichnis von den habgierigen Söhnen

Es war einmal ein schwer arbeitender und großmütiger Bauer, der mehrere faule und habgierige Söhne hatte. Auf seinem Totenbett sagte er ihnen, sie würden seinen Schatz finden, wenn sie in einem bestimmten Feld danach graben. Kaum war der alte Mann tot, eilten die Söhne auf die Felder und gruben sie von einem Ende zum anderen um, wobei ihre Verzweiflung und ihre Anstrengung immer größer wurde, weil sie das Gold nicht an der angegebenen Stelle fanden.

Doch sie fanden überhaupt kein Gold. Als sie einsahen, daß ihr Vater in seiner Großmütigkeit das Gold wohl zu Lebzeiten verschenkt hatte, ließen sie von der Suche ab. Schließlich fiel ihnen ein, daß sie das Land, nachdem es vorbereitet war, jetzt auch ebensogut bestellen könnten. Sie bauten Weizen an, der reiche Ernte brachte. Sie verkauften das Getreide und hatten in diesem Jahr einen guten Gewinn.

Nachdem die Ernte eingebracht war, dachten die Söhne wieder über die bloße Möglichkeit nach, den Schatz vielleicht übersehen zu haben, und so gruben sie die Felder aufs neue um, mit demselben Ergebnis.

Nach einigen Jahren hatten sie sich ans Arbeiten und an den Kreislauf des Jahres gewöhnt, dessen Bedeutung sie vorher nicht begriffen hatten. Sie verstanden jetzt die Methode, mit der ihr Vater sie erzogen hatte und wurden redliche und genügsame Bauern. Schließlich waren sie im Besitz von solchen Reichtümern, daß sie nicht länger nach dem verborgenen Schatz fragten.

Genauso ist es auch mit der Belehrung über das Verständnis für das menschliche Geschick und die Bedeutung des Lebens. Der Lehrer, der sich der Ungeduld, Verworrenheit und Habgier des Schülers gegenüber sieht, muß sie zu einer aufbauenden und nützlichen Tätigkeit anleiten, auch wenn ihnen in ihrer Unreife deren wahre Wirkung und deren Ziel oft noch verborgen ist.

Diese sehr weit verbreitete Geschichte illustriert die Behauptung, ein Mensch könne gewisse Fähigkeiten entwikkeln, obgleich er eigentlich ganz andere zu entwickeln versucht. Vielleicht hängt ihre Beliebtheit damit zusammen, daß es in der Vorrede heißt: „Die sie weitererzählen, werden mehr Nutzen davon haben, als sie selber erkennen."

Sie wurde sowohl von dem Franziskaner Roger Bacon (der die Sufiphilosophie zitiert und in Oxford lehrte, von wo er auf Anordnung des Papstes verstoßen wurde), als auch von dem im 17. Jahrhundert lebenden Chemiker Boerhaave veröffentlicht.

Diese vorliegende Fassung wird dem Sufi Hasan von Basra zugeschrieben, der vor etwa 1200 Jahren lebte.

Der Narr, der Weise und der Krug

Ein Narr – so mag man den gewöhnlichen Menschen nennen, der alles, was ihm geschieht, durchweg falsch auslegt, auch alles, was er tut und was andere zuwege bringen. Er macht das auf eine so einleuchtende Art und Weise – einleuchtend für sich selber und seinesgleichen –, daß weite Bereiche seines Lebens und Denkens durchaus logisch und richtig zu sein scheinen.

Eines Tages wurde ein Narr dieser Sorte mit einem irdenen Krug zu einem weisen Mann geschickt, um etwas Wein zu holen.

Unterwegs zerbrach der Narr durch eigene Unachtsamtkeit den Krug an einem Felsen.

Als er im Hause des weisen Mannes ankam, reichte er diesem den Henkel des Kruges und sagte: „Man schickt dir diesen Krug, aber ein widerwärtiger Stein hat ihn mir gestohlen."

Der Weise war belustigt und wollte die Zusammenhänge prüfen, so fragte er: „Warum bringst du mir den Henkel, wenn der Krug doch gestohlen wurde?"

„Ich bin nicht so verrückt wie die Leute meinen", sagte der Narr, „und darum bringe ich dir den Henkel als Beweis für die Richtigkeit meiner Geschichte."

Unter den Derwischlehrern wird dieses Thema immer wieder aufgegriffen, wonach die Menschen im allgemeinen in den Ereignissen nicht den verborgenen Lauf der Dinge und ihre Richtung erkennen können, obgleich es einem allein dadurch möglich wird, das Leben voll zu nutzen. Jene, die diesen Faden sehen, werden weise genannt; während es vom gewöhnlichen Menschen heißt, er schlafe oder er sei ein Narr.

Diese in englisch von Colonel Wilberforce Clarke (Diwan-i-Hafiz) zitierte Geschichte ist typisch. Der Dialog ist konstruktiv: Wenn man nämlich die Lehre unter Zuhilfenahme solcher Karikaturen vermittelt, können bestimmte Menschen tatsächlich erst die verborgene Richtung wahrnehmen.

Die vorliegende Fassung stammt aus einer Derwischsammlung, die Pir-i-do-Sara, dem „Träger des Flickenrokkes", zugeschrieben wird; er starb 1790 und ist im Mazar-i-Sharif in Turkestan beigesetzt.

Der Lahme und der Blinde

Ein Lahmer betrat eines Tages ein Wirtshaus (Serai) und setzte sich neben einen Mann, der dort schon saß. „Nie werde ich am Festschmaus des Sultans teilnehmen können", seufzte er, „denn durch mein Gebrechen kann ich nicht schnell genug laufen."

Der andere Mann hob den Kopf und sagte: „Auch ich bin eingeladen, aber meine Lage ist noch schlimmer als deine. Ich bin blind und kann den Weg nicht sehen, obgleich auch ich eingeladen wurde."

Ein Dritter, der ihr Gespräch mit angehört hatte, sagte: „Begreift doch, daß ihr beide zusammen euer Ziel erreichen könnt. Der Blinde kann, mit dem Lahmen auf dem Buckel, gehen. Du kannst dich der Füße des Blinden bedienen, und dich können die Augen des Lahmen führen."

Auf diese Weise konnten die beiden das Ende der Straße erreichen, wo das Fest sie erwartete.

Sie machten jedoch auf ihrem Wege in einem anderen Wirtshaus halt, um sich auszuruhen.

Dort erklärten sie zwei anderen Männern, die trostlos beisammen saßen, ihre Lage. Von diesen beiden war der eine taub, und der andere war stumm. Auch sie waren beide zu dem Fest geladen. Der Stumme hatte es gehört, aber es war ihm nicht möglich, es seinem Freunde, dem tauben Manne, zu erklären. Der Taube konnte sprechen, aber wußte nichts.

Weder der eine noch der andere kam zum Fest; denn diesmal war kein dritter Mann da, ihnen zu erklären, daß es da eine Schwierigkeit gab, – geschweige denn, wie sie sie lösen könnten.

Es wird berichtet, der große Abdul-Qadir habe einen Sufi-Flickenrock hinterlassen, der einem Nachfolger in der Traditionskette übergeben werden sollte, der an die 600 Jahre nach seinem Tode geboren würde.

Sayed Sikandar Ahah, Qadiri, der dieses Unterpfand zu treuen Händen empfangen hatte, machte 1563 den Sheikh Ahmed Faruqi von Sirhind ausfindig und kleidete ihn mit dem Gewand ein.

Dieser Naqshibandi Lehrer war schon durch seinen Vater in sechzehn Derwischorden eingeweiht worden, dieser hatte die zerstreuten Lehren des Sufismus auf ausgedehnten und gefährlichen Reisen gesucht und erneuert.

Man glaubt, daß Sirhind der ausersehene Ort sei, an dem der „Große Lehrer" erscheinen wird, und seit Generationen hat eine Kette von Heiligen auf sein Offenbarwerden gewartet.

Als Folge des Auftretens von Faruqi und dadurch, daß er von den Oberhäuptern aller Orden seiner Zeit anerkannt wurde, weihen die Naqshbandi nun Schüler in alle vier Hauptketten des Sufitums ein: Den Pfad der Chishti, der Qadiri, der Suhrawardi und der Naqshbandi.

„Der Lahme und der Blinde" wird dem Sheikh Ahmed Faruqi zugeschrieben, der 1615 gestorben ist. Man sollte sie eigentlich nur lesen, nachdem man die bestimmte Anweisung dazu empfangen hat; oder wenn man schon Hakim Sanais „Die Blinden und die Sache mit dem Elefanten" genau erforscht hat.

Die Diener und das Haus

Es war einmal ein weiser und gütiger Mann, dem ein großes Haus gehörte. Zeitlebens mußte er häufig und für lange Zeit auf Reisen gehen. War dies der Fall, so überließ er das Haus der Obhut seiner Diener.

Diese Leute waren nun aber sehr vergeßlich. Von Zeit zu Zeit vergaßen sie sogar, warum sie sich in diesem Hause befanden; dann machten sie immer wieder dieselben Arbeiten. Dann wiederum bildeten sie sich ein, sie müßten die Dinge ganz anders machen als man sie ihnen – als ihre Pflichten – aufgetragen hatte; denn sie hatten das rechte Geleise ihres Dienstes verlassen.

Als der Meister nun einmal lange Zeit abwesend war, wuchs eine neue Generation von Dienern heran, die sich einbildeten, ihnen gehöre tatsächlich das Haus. Nachdem sie ihr gegenwärtiger geistiger Horizont jedoch beschränkte, fanden sie sich in einer paradoxen Lage. Zum Beispiel wollten sie das Haus manchmal gerne verkaufen und konnten keine Käufer finden, weil sie nicht wußten, wie man welche findet. Dann wiederum kamen Leute, die ihnen das

Haus gerne abgekauft hätten und Eigentumsurkunden sehen wollten. Aber da die Diener keine Ahnung von Urkunden hatten, meinten sie, diese Leute seien verrückt und überhaupt keine richtigen Käufer.

Als paradox erlebten sie auch die Tatsache, daß die Vorräte für das Haus auf „mysteriöse" Weise weiterhin geliefert wurden, diese Versorgung jedoch nicht mit der Annahme übereinstimmte, daß die Bewohner verantwortlich seien für alles, was das Haus betrifft.

In den Gemächern des Hausherren waren Anweisungen über die Führung des Hauses hinterlegt, um die Erinnerung daran wieder aufzufrischen. Aber nach der ersten Generation waren diese Gemächer so unantastbar geworden, daß sie niemand mehr betreten durfte, und schließlich hielt man sie für ein unergründliches Mysterium. Einige freilich waren der Ansicht, es gäbe diese Gemächer überhaupt nicht, obgleich sie die Türen sehen konnten. Sie meinten jedoch, es handle sich um einen Teil der Wanddekoration.

So war es um das Personal eines Hauses bestellt, das weder die Verantwortung für das Haus übernahm, noch seinen ursprünglichen Verpflichtungen treu blieb.

Die Überlieferung sagt, der Sufi Märthyrrer el-Hallaj habe sich dieser Geschichte oft bedient. Er wurde 922 hingerichtet, weil er angeblich gesagt haben soll: „Ich bin die Wahrheit."

Hallaj hinterließ eine außerordentliche Sammlung mystischer Dichtung. Unter großer Gefahr für die eigene Person haben viele Sufis in den vergangenen tausend Jahren standhaft behauptet, Hallaj sei ein großer Erleuchteter gewesen.

Die drei Wahrheiten

Die Sufis sind als Wahrheitssucher bekannt, und diese Wahrheit ist eine Erkenntnis der objektiven Wirklichkeit. Einst beschloß ein unwissender und habgieriger Tyrann, sich in den Besitz dieser Wahrheit zu setzen. Er hieß Roderigo und war ein großer Herr in Murcia, in Spanien. Er kam zu dem Schluß, die Wahrheit sei eine Sache, und man könne Omar el-Alawi von Tarragona zwingen, sie preiszugeben.

Omar wurde gefangen genommen und an den Hof gebracht. Roderigo sagte: „Ich habe verfügt, daß die Wahrheiten, die du kennst, mir erzählt werden müssen, und zwar mit Worten, die ich verstehe, andernfalls hast du dein Leben verwirkt."

Omar antwortete: „Wird an deinem ritterlichen Hofe jene in aller Welt verbreitete Sitte gepflegt, wonach ein Gefangener seine Freiheit erhält, wenn er eine Frage wahrheitsgetreu beantwortet und diese Wahrheit ihn als nicht-schuldig ausweist?"

„Ja, so wird es bei uns gehalten", sagte der Herr.

„Bei der Ehre unseres Herren rufe ich alle Anwesenden als Zeugen auf", sagte Omar, „und nun werde ich euch nicht eine, sondern drei Wahrheiten erzählen."

„Wir müssen aber auch die Gewißheit haben", sagte Roderigo, „daß diese Wahrheiten, die du als Wahrheiten ausgibst, wirklich Wahrheiten sind."

„Einem Herrn, wie du es bist", sagte Omar, „dem man nicht nur eine, sondern gleich drei Wahrheiten darbringen kann, dem kann man auch solche Wahrheiten sagen, die in sich selbst bewiesen sind."

Roderigo blähte sich vor Stolz über das Kompliment.

Der Sufi sagte: „Die erste Wahrheit ist diese: ‚Ich bin derjenige, der Omar, Sufi von Tarragona, genannt wird'. Die zweite ist diese, daß du dich einverstanden erklärt hast, mich freizulassen, wenn ich die Wahrheit sage. Die dritte aber ist die, daß du eben die Wahrheit hören willst, die du verstehen kannst."

Diese Worte bewirkten, daß der Tyrann gezwungen war, dem Derwisch die Freiheit zu geben.

Diese Geschichte macht uns mit den mündlichen Legenden bekannt wie sie von el-Mutanabbi traditionsgetreu zusammengestellt wurden. Diese, so setzte er nach Aussage der Erzähler fest, dürften erst nach tausend Jahren niedergeschrieben werden.

El-Mutanabbi, einer der bedeutendsten arabischen Dichter, starb vor tausend Jahren.

Eine der Eigentümlichkeiten dieser Sammlung besteht

darin, daß es heißt, sie befände sich in ständigem Wandel, weil sie eben immer wieder so erzählt wird, wie es „dem Wandel der Zeiten" entspricht.

Die Blinden und die Sache mit dem Elefanten

Jenseits von Ghor lag eine Stadt. Alle ihre Einwohner waren blind. Eines Tages kam ein König mit seinem Gefolge in die Nähe; er brachte sein Heer mit und lagerte in der Wüste. Er besaß einen mächtigen Elefanten, den er zum Angriff einzusetzen pflegte, um den Schrecken des Feindes zu vergrößern.

Die Bevölkerung war begierig, den Elefanten zu sehen, und einige aus dieser Gesellschaft von Blinden rannten los wie die Narren, um ihn zu finden.

Nachdem sie nicht einmal wußten, was für eine Form oder welchen Umriß ein Elefant hat, betasteten sie ihn blindlings, um durch die Berührung seiner Körperteile Aufschluß zu erhalten.

Jeder bildete sich ein, etwas zu wissen, weil er einen Teil fühlen konnte.

Als sie zu ihren Mitbürgern zurückkehrten, wurden sie von aufgeregten Gruppen umringt; jeder einzelne dieser Irrenden war begierig die Wahrheit von denen zu erfahren, die doch selber in die Irre gingen.

Sie fragten wie der Elefant geformt sei und welche Gestalt er habe, und sie hörten sich alles an, was man ihnen erzählte.

Der Mann, der das Ohr des Elefanten betastet hatte, wurde nach dem Wesen des Elefanten gefragt. Er sagte: „Er ist ein großes, rauhes Etwas, weit und breit wie eine Decke."

Und der den Rüssel betastet hatte, sagte: „Ich weiß, was es wirklich ist! Er ist wie eine gerade und hohle Röhre, furchterregend und gefährlich."

Derjenige aber, der den Fuß und die Beine gefühlt hatte, sagte: „Er ist mächtig und fest gleich einer Säule."

Jeder hatte nur einen Teil des Ganzen betastet. Alle hatten es falsch verstanden. Keiner begriff das Ganze: Erkenntnis ist nicht die Gefährtin der Blinden. Alle hatten irgendeine Vorstellung, irgendeine irrige Vorstellung.

Das Geschöpf weiß nichts über die Göttlichkeit. In dieser Wissenschaft gibt es mit den Mitteln des gewöhnlichen Intellektes keinen „Pfad" und keinen Zugang.

Diese Geschichte ist bekannter in der Version Rumis – „Der Elefant im dunklen Haus", die im „Mathnavi" steht. Rumis Lehrer Hakim Sanai, der 1150 starb, bringt diese frühere Fassung in dem ersten Buch seines klassischen Sufiwerkes „Der ummauerte Garten der Wahrheit".

Beide Geschichten aber geben ein ähnliches Thema wieder, das nach der Überlieferung jahrhundertelang von den Sufilehrmeistern verwendet wurde.

Der Hund, der Stock und der Sufi

Eines Tages ging ein als Sufi gekleideter Mann die Straße entlang, traf auf einen Hund und schlug ihn hart mit seinem Stock. Der Hund jaulte vor Schmerzen auf und rannte zu dem großen Weisen Abu-Said. Er warf sich ihm zu Füßen und hielt ihm die verletzte Pfote hin und verlangte für den Sufi, der ihn so grausam mißhandelt hatte, die verdiente Strafe.

Der Weise rief sie beide vor sich. Dem Sufi sagte er: „O du Unachtsamer! Wie kannst du nur ein dummes Tier so mißhandeln! Sieh, was du angerichtet hast!"

Der Sufi antwortete: „Weit gefehlt! Es ist nicht meine Schuld, es ist die des Hundes. Ich habe ihn nicht aus bloßer Laune geschlagen, sondern weil er mein Gewand beschmutzt hat."

Aber der Hund bestand auf seiner Beschwerde.

Da wandte Abu-Said, der Unvergleichliche, sich an den Hund: „Statt auf das Letzte Gericht zu warten, erlaube mir, dir eine Entschädigung für deine Schmerzen zu geben."

Der Hund sagte: „Großer und weiser Herr! Als ich diesen Mann im Gewande eines Sufi sah, konnte ich daraus schließen, daß er mir kein Leid antun würde. Hätte ich einen Menschen vor mir gehabt, der gewöhnliche Kleider trägt, wäre ich ihm in einem großen Bogen ausgewichen. Tatsächlich war es mein Fehler anzunehmen, daß die äußere Erscheinung eines ‚Mannes der Wahrheit' Schutz und Sicherheit bedeutet.

Wenn du ihn strafen willst, so nimm ihm das Kleid der Auserwählten fort. Entziehe ihm das Gewand der ‚Leute der Rechtschaffenheit' . . ."

Der Hund selber hatte einen bestimmten „Rang auf dem Pfade". Es ist falsch anzunehmen, ein Mensch müsse unbedingt besser sein als er.

Das äußere Ansehen, das einem Derwisch schon sein Gewand verleiht wird von Quasi-Esoterikern und religiösen Menschen aller Art oft mißverstanden, so als stünde dieses Äußere mit der wahren Erfahrung und dem Wert einer Person in Verbindung.

Die vorliegende Geschichte stammt aus Attars „Göttlichem Buch" (Ilahi-Nama) und wird immer wieder von den Derwischen des „Pfades des Tadelns" erzählt und Hamdun, dem Bleicher, zugeschrieben, der im 9. Jahrhundert lebte.

Die Mücke Namouss – und der Elefant

Es war einmal eine Mücke, die Namouss hieß und wegen ihrer Feinfühligkeit als „Namouss, die Empfindsame" bekannt war. Nach reiflichem Nachdenken über ihre Lage entschloß Namouss, die Mücke, sich aus guten und überzeugenden Gründen, in ein anderes Haus zu ziehen. Der Platz, den sie sich als außerordentlich geeignet aussuchte, war das Ohr eines Elefanten.

Es war nun nichts mehr zu tun, als tatsächlich umzuziehen, und recht schnell hatte Namouss sich in dem geräumigen und höchst attraktiven Quartier eingerichtet. Die Zeit verging. Mehrere Generationen von Mücken zog die Mücke auf und schickte sie in die Welt hinaus. Wie die Jahre vergingen, erlebte sie die üblichen Erfahrungen der Spannung und Entspannung, die Gefühle der Freude und der Trauer, der Mühe und des Gelingens, so wie sie das Los aller Mücken sind, wo immer es Mücken geben mag.

Das Ohr des Elefanten war ja ihr Heim; und wie das immer zu sein pflegt, fühlte sie (– und dieses Gefühl erfüllte sie mit der Zeit ständig), daß zwischen ihrem Leben, ihrem Schicksal, ihrem eigentlichen Wesen und diesem Ort eine enge Verbindung bestand. Das Ohr war so warm, so einladend, so weitläufig, der Schauplatz so vieler Erfahrungen.

Natürlich war Namouss, die Mücke, nicht ohne gehörige Zeremonie in das Haus eingezogen, nicht ohne Rücksicht auf die vorgefundene Lage. Gleich am ersten Tage, noch ehe sie einzog, hatte sie mit der höchsten Kraft ihrer winzigen Stimme ihren Entschluß verkündet und gerufen: „O Elefant! Wisse, daß niemand anders als Ich, Namouss, die Mücke, bekannt als Namouss, die Empfindsame, beabsichtige, diese Stätte zu meiner Wohnung zu machen. Der Sitte gemäß gebe ich dir hiermit Kenntnis von meiner Absicht."

Der Elefant hatte keinen Einwand erhoben.

Aber die Mücke Namouss wußte nicht, daß der Elefant sie überhaupt nicht gehört hatte. Aus eben diesem Grunde hatte der Gastgeber auch weder etwas von dem Einzug – oder auch nur von der Anwesenheit oder Abwesenheit der Mücke gemerkt, noch etwas von ihrer zahlreichen Familie. Nun, warum sollte man das noch übertrieben ausmalen; es war eben so, daß der Elefant keine Ahnung davon hatte, daß dort überhaupt irgendwelche Mücken wohnten.

Und als der Augenblick kam, daß Namouss, die empfindsame Mücke, sich aus was auch immer für zwingenden und wichtigen Gründen entschloß, wieder umzuziehen, bedachte sie, daß dies in Übereinstimmung mit den bestehenden und geheiligten Sitten und Gebräuchen vor sich gehen müsse. Sie bereitete sich auf die offizielle Kundgebung ihres Auszuges aus dem Ohre des Elefanten vor.

So geschah es, daß Namouss, die Mücke, nachdem sie ihre Entscheidung endgültig und unwiderruflich gefällt und ihre Worte ausreichend eingeübt hatte, wieder in das Ohr des Elefanten hinunterrief. Sie rief einmal, und es kam keine Antwort. Sie rief noch einmal, und noch immer schwieg der Elefant. Beim dritten Mal nahm sie ihre ganze Kraft zusammen, entschlossen, ihre drängende und doch flüssige Rede anzubringen, und sie rief: „O Elefant! Wisse, daß Ich, Namouss, die feste Absicht habe, Herd und Heim zu verlassen; diese meine Wohnung in diesem deinen Ohre, in dem ich so lange gewohnt habe, will ich aufgeben. Es geschieht aus wichtigen und zureichenden Gründen, die ich bereit bin, dir auseinanderzusetzen."

Nun endlich erreichte die Rede der Mücke das Gehör des Elefanten, der Mückenruf drang durch. Während der Elefant noch über die Worte nachdachte, rief Namouss: „Was hast du auf meine Neuigkeit zu antworten? Was bewegt dich in Anbetracht meiner Abreise?"

Der Elefant hob den Kopf und trompetete ein wenig. Und in diesem Trompeten lag folgender Sinn: „Geh' in Frieden – denn in Wahrheit bedeutet mir dein Weggehen nicht mehr und nicht weniger, als mir dein Kommen bedeutet hat."

Auf den ersten Blick mag man die Geschichte von Namouss, der empfindsamen Mücke, für eine bittere Illustrierung der vermeintlichen Nutzlosigkeit des Lebens halten. Eine solche Interpretation – so würde der Sufi sagen – wäre jedoch nur ein Zeichen für die mangelnde Feinfühligkeit des Lesers.

Was hier vielmehr betont werden soll, ist der allgemeine Mangel an menschlicher Einsicht in bezug auf die relative Wichtigkeit der Dinge des Lebens.

Der Mensch hält wichtige Dinge für unwichtig und ganz triviale für lebensnotwendig.

Diese Geschichte schreibt man Sheikh Hamza Malamat Maqtul zu. Er gründete die Malamatis und wurde 1575 unter der Anklage Christ zu sein hingerichtet.

Wie man Affen fängt

Es war einmal ein Affe, der sehr gerne Kirschen aß. Eines Tages sah er eine köstliche Kirsche und kam vom Baum herunter, um sie zu holen. Aber es zeigte sich, daß die Kirsche sich in einer durchsichtigen Glasflasche befand. Nach einigen Versuchen merkte der Affe, daß er die Kirsche ergreifen konnte, wenn er die Hand durch den engen Hals in die Flasche hineinschob. Sobald ihm das gelungen war, schloß er die Hand um die Kirsche, aber da bemerkte er, daß er die Faust nicht wieder herausziehen konnte. Denn sie war nun dicker als der Flaschenhals.

Dies alles aber war wohl überlegt, denn die Kirsche in der Flasche war eine Falle, die ein Affenjäger gestellt hatte, der die Denkweise der Affen kannte.

Als der Jäger den Affen wimmern hörte, kam er herbei, und der Affe versuchte wegzulaufen. Aber er bildete sich ein, die Hand sei in der Flasche festgeklemmt, und daher konnte er nicht schnell genug fliehen.

Aber jedenfalls besaß er seine Kirsche noch, – so meinte er. Der Jäger schnappte den Affen und gab ihm schnell einen scharfen Schlag auf den Ellenbogen, wodurch er unwillkürlich die Kirsche losließ.

Der Affe war frei, – aber er war gefangen. Der Jäger hatte sich der Kirsche und der Flasche bedient, – und besaß sie noch immer.

Dies ist eine von den vielen Geschichten der Überlieferung aus der Sammlung „Buch des Amu Daria".

Der Amu- oder Jihun-Fluß in Zentralasien wird heute von den Kartographen Oxus genannt. Dies ist etwas verwirrend für den, der die Dinge wörtlich auffaßt. Denn Oxus ist sowohl ein Ausdruck, den die Derwische für gewisse Stoffe wie den dieser Erzählung verwenden, als auch für eine anonyme Gruppe wandernder Lehrer, deren Hauptquartier sich in der Nähe von Aubshaur, im Hindukush-Gebirge Afghanistans, befindet.

Die vorliegende Fassung der Geschichte stammt von Khwaja Ali Ramitani, der 1306 starb.

Der Hund und der Esel

Ein Mann, der entdeckt hatte, wie man die Bedeutung der Tierlaute verstehen kann, wanderte eines Tages eine Dorfstraße entlang.

Er sah einen Esel, der soeben geschrieen hatte, und ihm zur Seite einen Hund, der drauflos bellte, was er nur konnte.

Als er näher kam, verstand er die Bedeutung dieses Wortwechsels.

„All dies Geschwätz über Gras und Weide ödet mich an. Ich warte darauf, daß du mir etwas über Knochen und Kaninchen erzählst", sagte der Hund.

Der Mann konnte nicht an sich halten und wandte ein: „Aber da ist doch ein Hauptpunkt – der Gebrauch des Heus, das etwa dieselbe Bedeutung hat wie das Fleisch."

Sogleich wandten die beiden Tiere sich gegen ihn. Der Hund bellte ihn wütend an, um seine Worte zu ersticken, und der Esel versetzte ihm gefühllos einen wohlgezielten Tritt mit seinem Hinterhuf.

Und dann setzten die beiden ihren Streit fort.

Diese Geschichte, die einer anderen von Rumi ähnelt, ist eine Fabel aus der berühmten Sammlung des Majnun Qalandar, der im 13. Jahrhundert 40 Jahre lang umherwanderte und auf den Marktplätzen Lehrgeschichten erzählte. Einige sagten, er sei völlig verrückt gewesen, was der Bedeutung seines Namens entspräche; andere meinten, er sei einer der „Verwandelten" gewesen – einer von jenen also, die einen Sinn für die Verbindung der Dinge untereinander entwikkelt haben, von denen die gewöhnlichen Menschen meinen, sie seien voneinander getrennt.

Der Mann, der auf dem Wasser ging

Ein dem Herkömmlichen verbundener Derwisch aus einer strengen frommen Schule wanderte eines Tages am Ufer eines Flusses entlang. Er war vertieft in Gedanken über moralische und gelehrte Probleme, denn das war die Art der Sufischulung, zu der es in der Gemeinschaft, der er angehörte, gekommen war. Er stellte die fromme Bewegtheit des Gemütes mit dem Suchen nach der letzten Wahrheit auf dieselbe Stufe.

Plötzlich wurden seine Gedanken von einem lauten Rufen unterbrochen. Jemand rief, und er rief den Derwischruf. Der Derwisch aber dachte bei sich: „So hat das keinen Zweck, denn der Mann spricht die Silben falsch aus. Statt *Ya Hu* zu intonieren, sagt er *U Ya Hu.*"

Dann wurde ihm klar, daß er als besserer Kenner dieser Übung die Pflicht habe, den unglücklichen Menschen zu korrigieren, der vielleicht nicht richtig angeleitet worden war und daher einfach nur versuchte, sein Bestes zu tun bei der Einstimmung auf das Wesentliche, das hinter den Lauten liegt.

So mietete der Derwisch ein Boot und fuhr zu der Insel hinüber, die mitten im Strome lag, und von der die Rufe zu kommen schienen.

Dort fand er einen mit dem Derwischgewand bekleideten Mann in einer Schilfhütte sitzen. Er wiegte sich im Takt des einweihenden Derwischrufes, den er wieder und wieder ertönen ließ.

„Mein Freund", sagte der erste Derwisch, „du sprichst die Worte falsch. Es ist meine Pflicht, dir das zu sagen, denn es ist verdienstlich, Rat zu geben und Rat zu empfangen. Du mußt die Worte auf folgende Weise intonieren" – und er zeigte es ihm.

„Ich danke dir", sagte der andere Derwisch demütig.

Der erste Derwisch stieg wieder in sein Boot, voller Zufriedenheit, weil er etwas Gutes getan hatte. Immerhin heißt es, daß der Mensch, der die heilige Formel korrekt wiederholt, sogar auf dem Wasser wandeln kann; er hatte das noch nie gesehen, hoffte jedoch noch immer – aus irgendeinem Grunde – es einmal zuwege bringen zu können.

Nun hörte er nichts mehr aus der Schilfhütte, aber er war sicher, daß sein Unterricht gut aufgenommen worden war.

Dann aber hörte er ein gestammeltes *U Ya* –

denn der zweite Derwisch rief den Ruf wieder auf die alte Art ...

Während der erste Derwisch sich hierüber noch Gedanken machte und über die Verderbtheit der Menschheit und die Hartnäckigkeit des Irrtums im allgemeinen nachsann, bot sich ihm plötzlich ein merkwürdiger Anblick: Der andere Derwisch kam von der Insel zu ihm herüber gelaufen, – ja, er wandelte auf dem Wasser ...

Verblüfft ließ er die Ruder sinken. Der zweite Derwisch kam zu ihm heran und rief: „Bruder, es tut mir leid, dir Mühe zu bereiten, aber ich mußte herkommen, um dich noch einmal nach dieser Methode zu fragen, damit ich die Worte auf die richtige Weise wiederhole, habe ich doch Schwierigkeiten, es zu behalten."

Auf deutsch können wir nur einige Ebenen der Bedeutung dieser Geschichte wiedergeben, denn die arabische Lesart verwendet gerne Worte von ähnlichem Klang aber mit verschiedener Bedeutung – Homonyme; dies als Bestätigung für die Behauptung, diese Geschichte sei ein Werkzeug und dazu bestimmt, das Bewußtsein zu vertiefen. Sie ist aber ebenso auch eine Geschichte von einer allgemeinen Bedeutung.

Sie hat in der gegenwärtigen volkstümlichen Literatur des Ostens ihren Platz, man findet sie aber auch in einigen sehr alten Derwischlehrbüchern.

Die vorliegende Fassung stammt vom Asaaseen Orden („Wesentlich", „Urprünglich") des Nahen und Mittleren Ostens.

Die Geschichte vom Tee

In alten Zeiten war der Tee außerhalb von China unbekannt. Gerüchte über seine Existenz hatten die Weisen und Unweisen anderer Länder erreicht, und beide versuchten herauszufinden, was das wohl sei, immer entsprechend dem, was man selber sich wünschte oder vorstellte, daß es sein könne.

Der König von Inja („Hier") entsandte Botschafter nach China, und der Kaiser von China gab ihnen Tee. Aber als sie sahen, daß auch die Bauern Tee tranken, schlossen sie daraus, es sei für ihren königlichen Herrn nicht schicklich; und außerdem meinten sie, der Kaiser von China versuche, sie zu betrügen, indem er ihnen irgend etwas anderes statt des himmlischen Getränkes vorsetze.

Der bedeutendste Philosoph aus Anja („Dort") sammelte alle Berichte, die er über den Tee ausfindig machen konnte, und kam zu dem Schluß, es müsse sich um einen Stoff handeln, den es wohl gibt, wenn auch selten und von ganz anderer Art als alles, was man kennt. Denn sagte man nicht über ihn, es sei ein Kraut, sei ein Wasser, sei grün, sei schwarz, manchmal bitter, manchmal süß?

In den Ländern Koshish und Bebinem probierte man seit Jahrhunderten alle Kräuter aus, die man finden konnte. Viele Leute wurden vergiftet, alle waren enttäuscht. Denn niemand hatte die Teepflanze ins Land gebracht, und so konnten sie ihn nicht entdecken. Sie tranken auch alle Flüssigkeiten, die sie finden konnten, jedoch ohne Erfolg.

Im Lande Mazhab („Sektierertum") wurde bei den religiösen Zeremonien ein kleines Päckchen Tee in der Prozession vor den Leuten hergetragen. Niemand dachte daran, ihn zu versuchen; und auch wenn jemand daran gedacht haben sollte: es wußte niemand, wie man das hätte machen können. Sie waren alle überzeugt davon, der Tee selber besäße eine magische Kraft.

Ein weiser Mann sagte: „O ihr Unwissenden, gießt kochendes Wasser auf den Tee!" Sie aber hingen ihn auf und nagelten ihn an, denn was er vorschlug, bedeutete gemäß ihres Glaubens die Zerstörung des Tees. Es bewies, daß er ein Feind der Religion war.

Ehe jener Mann starb, verriet er einigen wenigen das Geheimnis, und diese brachten sich in den Besitz von etwas Tee und tranken ihn im Verborgenen. Wenn irgend jemand fragte: „Was macht ihr da?" – antworteten sie: „Das ist nur eine Medizin, die wir gegen eine bestimmte Krankheit einnehmen."

Und so war es in der ganzen Welt. Einige hatten tatsächlich gesehen, wie der Tee wächst, aber nichts begriffen. Anderen hatte man ihn zu trinken gegeben, aber sie hielten ihn für das Getränk einfacher Leute. Andere besaßen den Tee, aber sie beteten ihn an. Außerhalb von China tranken ihn tatsächlich nur einige wenige Leute, und sie taten es im Geheimen.

Dann kam ein „Mann des Wissens", der sagte zu den Teehändlern und zu den Teetrinkern und noch zu anderen: „Wer's ausprobiert, der weiß es. Wer's nicht ausprobiert, der weiß es nicht. Statt über das himmlische Getränk zu reden, solltet ihr schweigen, es jedoch bei euren Gastmählern anbieten. Wem es schmeckt, der wird mehr haben wollen. Wem es nicht schmeckt, der wird dadurch zeigen, daß er sich nicht dazu eignet, ein Teetrinker zu sein. Schließt den Laden des Diskutierens und der Geheimnisse. Öffnet das Teehaus der Erfahrung."

Der Tee wurde entlang der Seidenstraße von einer Station zur anderen gebracht, und wann immer ein Kaufmann, der Jade oder Edelsteine mit sich führte, seine Reise unterbrach, um zu rasten, bereitete er Tee und bot ihn den Leuten an, die dabei saßen, gleich ob sie vom Rufe des Tees etwas wußten oder nicht. So entstanden die Chaikhanas, die Teehäuser, die entlang der ganzen Straße von Peking bis Bokhara und Samarkand eingerichtet wurden. Und jene, die ihn versuchten, gehörten zu den Wissenden.

Merke dir gut, zuerst waren es nur die bedeutenden Leute und jene, die vorgaben, „Männer des Wissens" zu sein, die den himmlischen Trank trinken wollten und die auch ausriefen: „Aber das sind ja nur getrocknete Blätter!" oder „Warum, Fremdling, kochst du Wasser, wenn ich doch nichts anderes haben möchte als den himmlischen Trank?" oder dann wieder „Woher soll ich wissen, was das ist? Beweise es mir! Außerdem ist die Farbe dieser Flüssigkeit keineswegs Gold, sondern ocker."

Als die Wahrheit über den Tee bekannt wurde und man ihn allen brachte, die ihn versuchen wollten, wurden die Rollen vertauscht. Und die einzigen, die nun dasselbe sagten wie einst jene bedeutenden und intelligenten, waren die vollkommenen Narren. Und genauso ist es noch heute.

Getränke aller Art wurden auf der Suche nach höherer Erkenntnis von beinahe allen Völkern allegorisch verwendet.

Der Kaffee, das allerjüngste unter den Volksgetränken, wurde von dem Derwisch Sheikh Abu-el-Hasan Shadhili in Mocha in Arabien entdeckt.

Obgleich die Sufis und andere oft eindeutig sagen, daß „magische Getränke" (Wein, das Wasser des Lebens) eine Entsprechung für bestimmte Erfahrungen sind, neigen buchstabengläubige Gelehrte zu dem Glauben, der Ursprung dieser Mythen leite sich von der Entdeckung einiger halluzinogener oder berauschender Eigenschaften bei Trinkgelagen her. Für die Derwische ist diese Vorstellung ein Zeichen für die Unfähigkeit des Forschers zu verstehen, daß hier in Entsprechungen geredet wird.

Die vorliegende Geschichte stammt aus den Unterweisungen des Meisters Hamadani (gestorben 1140), Lehrer des großen Yasavi aus Turkestan.

Der Kaufmann und der christliche Derwisch

Ein reicher Kaufmann aus Täbris kam nach Konia und hielt dort Ausschau nach dem weisesten Mann, denn er befand sich in Not. Nachdem er vergeblich versucht hatte, von Priestern, Rechtsgelehrten und anderen einen guten Rat zu bekommen, hörte er endlich von Jalaludin Rumi und wurde zu ihm geführt.

Er trug fünfzig Goldstücke bei sich, um sie ihm zu Füßen zu legen. Als er den Meister (Maulana) in der Versammlungshalle sah, überwältigte ihn die Rührung. Jalaludin sagte zu ihm: „Deine fünfzig Goldstücke sind angenommen. Aber zweihundert hast du verloren, und das ist der Grund, weshalb du hergekommen bist. Gott hat dich gestraft und zeigt dir etwas. Jetzt wird alles gut mit dir werden."

Der Kaufmann war höchst überrascht davon, was der Meister alles wußte. Rumi fuhr fort: „Du hast viel Unglück gehabt, weil du eines Tages im fernen Westen der Christenheit einen christlichen Derwisch auf der Straße liegen sahst und ihn angespuckt hast. Geh zu ihm, bitte um Verzeihung und entbiete ihm unseren Gruß."

Der Kaufmann war entsetzt darüber, wie Jaladudin in seinem Gemüte lesen konnte. Dieser aber fuhr fort und sagte: „Sollen wir ihn dir jetzt zeigen?" Er berührte die Wand des Zimmers, und der Kaufmann sah die Szene mit dem Heiligen auf dem Marktplatz in Europa. Völlig benommen taumelte er fort und verließ den Meister.

So schnell er nur konnte, reiste er zu dem christlichen Weisen und fand ihn demütig auf dem Boden knieend. Als er sich ihm näherte, rief der Fränkische Derwisch: „Unser Meister Jalal ist zu mir gekommen!"

Der Kaufmann schaute in die Richtung, die der Derwisch ihm wies, und sah Jalaludin vor sich – als wäre es ein Bild, und der Meister sang Worte gleich diesen: „Sei es ein Rubin, sei es ein Kieselstein, – sie fanden ihren Platz auf Seinem Berg, sie alle finden eine Stätte . . ."

Der Kaufmann brachte Jalal die Grüße des Fränkischen Heiligen und blieb in Konia in der Gemeinschaft der Derwische.

Wissenschaftliche Untersuchungen haben das Ausmaß des Einflusses, den Jalaludin Rumi auf das Denken und die Literatur des Westens ausgeübt hat, allmählich an den Tag gebracht. Zweifellos hatte er viele westliche Schüler, und seine Geschichten tauchen etwa in Andersens Märchen auf, wie in der „Gesta Romanorum" aus dem Jahre 1324 oder auch bei Shakespeare.

Im Osten wird in der Überlieferung seine enge Verbindung mit westlichen Mystikern und Denkern bemerkenswert beharrlich betont.

Die vorliegende Fassung der Geschichte „Der Kaufmann und der christliche Derwisch" wurde aus Aflakis „Munaquib el-Arifin" übersetzt, einer Darstellung des Lebens der frühen Mevlevi-Derwische, die im Jahre 1353 vollendet wurde.

Das Goldene Glück

Es war einmal ein Kaufmann mit Namen Abdul Malik. Er war bekannt als „Der gute Mann aus Khorasan", denn von seinem riesigen Vermögen pflegte er freigiebig auszuteilen und die Armen zu Gastmählern einzuladen.

Aber eines Tages dachte er, daß er ja eigentlich nur immer etwas von dem Überfluß weggab, den er besaß; und daß die Freude, die er durch seinen Großmut empfing, ungemein größer war als das Opfer, das es ihn tatsächlich kostete; denn er gab schließlich immer nur einen kleinen Teil seines Vermögens. Sobald dieser Gedanke in sein Hirn eingedrungen war, entschloß er sich, alles bis zum letzten Pfennig zum Wohle der Menschheit fortzugeben. Und so geschah es.

Kaum hatte er auf all seine Besitztümer verzichtet und kaum war er willig, sich mit allem abzufinden, was das Leben für ihn bereithalten mochte, da sah Abdul Malik während der Meditation eine merkwürdige Gestalt, die aus dem Boden des Zimmers aufzusteigen schien. Vor seinen offenen Augen nahm ein Mann Gestalt an; er war in den Flickenrock der geheimnisvollen Derwische gekleidet.

„O Abdul Malik, großmütiger Mann aus Khorasan", so sprach die Erscheinung, „ich bin dein wahres Selbst, das nun beinahe wirklich für dich geworden ist, weil du wahre Wohltätigkeit bewiesen hast, an der gemessen dein früherer Ruf der Güte tatsächlich nichts bedeutet. Weil du imstande warst, dein Vermögen aufzugeben, ohne dabei eine persönliche Genugtuung zu empfinden, darum sei dir dies vergolten aus der wahren Quelle aller Vergeltung.

„In Zukunft werde ich jeden Tag in dieser Gestalt bei dir erscheinen. Du wirst mich schlagen; und ich werde mich in Gold verwandeln. Du wirst von diesem Bild so viel Gold nehmen können, wie du willst. Hab' aber keine Sorge, du könntest mir ein Leid zufügen, denn was immer du nimmst, wird ersetzt aus der Quelle aller Gaben." Nachdem er das gesagt hatte, entschwand er.

Am nächsten Morgen saß ein Freund mit Namen Bay-Akal bei Abdul-Malik, als der Derwischgeist sich zu manifestieren begann. Abdul Malik schlug ihn mit einem Stock, und die Gestalt fiel in Gold verwandelt auf den Boden. Er nahm einen Teil des Goldes für sich selber und gab etwas seinem Gast.

Bay-Akal, der nichts von alledem begriff, was sich zugetragen hatte, dachte nun darüber nach, wie er ein ähnliches Wunder vollbringen könnte. Er wußte, daß Derwische merkwürdige Kräfte besitzen, und kam zu dem Schluß, man müsse sie nur schlagen, um Gold zu erhalten.

So traf er die Vorbereitungen für ein Gastmahl, zu dem jeder Derwisch, der davon hörte, kommen konnte, um sich satt zu essen. Nachdem sie alle gut gegessen hatten, nahm Bay-Akal eine Eisenstange und verprügelte alle Derwische, die er erwischen konnte, bis sie schließlich zerschlagen und zusammengebrochen am Boden lagen.

Die Derwische, die unverletzt geblieben waren, ergriffen Bay-Akal und brachten ihn vor den Richter. Sie trugen ihren Fall vor und brachten als Beweis die verwundeten Derwische mit. Bay-Akal berichtet nun, was sich im Haus des Abdul Malik zugetragen hatte und rechtfertigte so sein Tun, durch das er das Kunststück hatte nachahmen wollen.

Abdul Malik wurde gerufen, und auf dem Wege zum Gerichtshof flüsterte sein Goldenes Selbst ihm zu, was er sagen sollte.

Er sagte: „Möge meine Aussage das Hohe Gericht zufriedenstellen: Dieser Mann scheint verrückt zu sein, oder aber er versucht, seine Neigung, andere Menschen ohne Grund anzugreifen, zu bemänteln. Ich kenne ihn, doch was er da erzählt, ist ganz etwas anderes als das, was ich in meinem Hause erlebt habe."

So wurde Bay-Akal für eine Zeitlang in ein Irrenhaus gesteckt, bis er wieder ruhiger wurde. Die Derwische genasen dank irgendeiner Wissenschaft, die sie kannten, beinahe sofort. Und niemand glaubte, daß sich so etwas Befremdliches – ein Mann, der zu einer goldenen Statue wird, und das täglich – tatsächlich je ereignen könnte.

Noch viele Jahre lang – bis er zu seinen Ahnen einging – fuhr Abdul Malik fort, das Bildnis, das er selber war, zu zerbrechen und seine Schätze –

sich selber – jenen auszuteilen, denen er nicht anders als durch materielle Mittel helfen konnte.

Bei den Derwischen gibt es eine Überlieferung, die besagt, Geistliche brächten ihre moralisch erhebenden Lehren in Form von Gleichnissen, doch Derwische verschlüsselten ihre Lehren weit vollständiger. Die Wirkungen, die tatsächlich dazu beitragen, den Hörer zu wandeln, werden nämlich nur durch die Anstrengung, verstehen zu wollen, oder durch die Bemühungen des Lehrmeisters hervorgerufen.

Diese Erzählung ähnelt, mehr als die meisten dieser Art, einem Gleichnis. Aber der Derwisch, der sie zu Beginn der 50er Jahre des 20. Jahrhunderts auf dem Marktplatz von Peshawara erzählte, warnte:

„Begnüge dich nicht mit dem moralischen Aspekt. Konzentriere dich auf den Anfang der Geschichte; er erzählt dir etwas über die Methode."

Die Träume und das Stück Brot

Drei Reisende waren im Verlauf einer langen und anstrengenden Reise Gefährten geworden, teilten Freud und Leid und hielten auch eine gemeinsame Kasse.

Eines Tages stellten sie fest, daß alles, was sie noch miteinander besaßen, ein Stück Brot und ein Schluck Wasser in einer Feldflasche war. Sie kamen darüber in Streit, wer das Ganze verzehren solle. Als sie auf diese Art und Weise nicht weiterkamen, versuchten sie, das Brot und das

Wasser zu teilen. Noch immer konnten sie zu keinem Entschluß kommen.

Als die Dämmerung einbrach, schlug schließlich einer vor, sich schlafen zu legen. Wenn sie wieder aufwachten, sollte derjenige, der den bemerkenswertesten Traum gehabt hatte, entscheiden, was zu tun sei.

Am nächsten Morgen standen die drei mit Sonnenaufgang auf.

„Dies ist mein Traum", sagte der erste: „Ich wurde hinweggetragen zu Orten, die man nicht beschreiben kann, so wundervoll und heiter war es dort. Ich traf einen weisen Mann, der zu mir sagte: ‚Dir steht das Essen zu, denn dein vergangenes und dein zukünftiges Leben sind würdig und bewundernswert.'"

„Wie merkwürdig", sagte der zweite Mann, „denn in meinem Traum sah ich tatsächlich meine ganze Vergangenheit und Zukunft. In der Zukunft sah ich einen allwissenden Mann, der sagte: ‚Dir steht das Brot mehr zu als deinen Freunden, denn du bist erfahrener und geduldiger. Du mußt gut ernährt werden, denn es ist deine Bestimmung, Menschen zu führen.'"

Der dritte Reisende sagte: „In meinem Traum sah ich nichts, hörte nichts. Ich fühlte, daß da etwas Zwingendes gegenwärtig war, das mich trieb aufzustehen, das Brot und das Wasser zu nehmen – und sie ohne Umstände zu verzehren. Und das tat ich auch."

Dieses ist eine von den vielen Geschichten, die Shah Mohammed Gwath Shattari zugeschrieben werden, der 1563 starb. Er schrieb die berühmte Abhandlung „Fünf Juwelen“, in der mit der Terminologie der Magie und Zauberei und auf uralten Vorbildern basierend beschrieben wird, wie der Mensch höhere Stufen erreichen kann.

Er war ein einweihender Meister in nicht weniger als vierzehn Orden und außerordentlich geschätzt von dem Indischen Kaiser Humayun.

Obgleich manche ihn als Heiligen verehren, war die Geistlichkeit bei einigen seiner Schriften der Ansicht, daß sie die Heilige Schrift verletzen, und sie wollten ihn daher hinrichten. Er wurde schließlich von der Ketzerei mit der Begründung freigesprochen, daß Dinge, die in einem besonderen inneren Zustand gesagt werden, nicht vom gewöhnlichen schulmäßigen Standpunkt aus beurteilt werden könnten. Sein Schrein befindet sich in Gwalior, einer sehr bedeutende Pilgerstätte der Sufis.

Dieselbe Fabel wird in christlichen Erzählungen der Mönche des Mittelalters verwendet.

Der Vogel und das Ei

Es war einmal ein Vogel, der nicht fliegen konnte. Er lief wie ein Kücken auf dem Boden herum, obgleich er wußte, daß es andere Vögel gibt, die fliegen.

Nun geschah es durch ein Zusammentreffen von Ereignissen, daß das Ei eines fliegenden Vogels von diesem nicht-fliegenden ausgebrütet wurde.

Zur richtigen Zeit schlüpfte das Kücken aus, mit der latenten Fähigkeit zu fliegen, die es immer gehabt hatte, auch zu der Zeit als es noch im Ei lag.

Es sprach seine Pflegemutter an und sagte: „Wann kann ich fliegen?" Und der an die Erde gefesselte Vogel antwortete: „Versuche es nur weiterhin beharrlich, genau wie die anderen."

Denn sie wußte nicht, wie sie dem flügge werdenden Vogel Unterricht erteilen sollte, nicht einmal wie sie ihn aus dem Nest werfen könnte, damit er es lerne.

Und es ist merkwürdig, daß der junge Vogel das nicht begriff. Seine Einsicht in die Lage war dadurch verwirrt, daß er Dankbarkeit für den Vogel fühlte, der ihn ausgebrütet hatte.

„Ohne seine Hilfe", so sagte er sich, „wäre ich doch wohl noch im Ei?"

Und dann wieder sagte er sich einmal: „Jeder der mich ausbrüten kann, wird mich sicher auch das Fliegen lehren können. Es ist vielleicht eine Frage der Zeit, oder es liegt an meinen eigenen unbeholfenen Bemühungen, oder es ist eine erhabene Weisheit: Ja, so ist es. Eines Tages werde ich plötzlich auf die nächste Stufe der Entwicklung geführt werden von eben demselben, der mich bis hierher gebracht hat."

Diese Geschichte erscheint im 12. Jahrhundert in verschiedenen Fassungen und Lesarten in Suhrawardis „Awarif el-Maarif" und vermittelt viele Botschaften. Es wird gesagt, sie sei geeignet, intutitiv vom Schüler verstanden zu werden in Übereinstimmung mit dem Niveau des Bewußtseins, das er erreicht hat. Auf der offen zutage liegenden Ebene vermittelt sie natürlich Morallehren, von denen einige die eigentliche Grundlage der heutigen Kultur unterstreichen. Dazu gehört:

„Anzunehmen, daß eine Sache aus einer anderen gefolgert werden muß, kann absurd sein und das weitere Voranschreiten verhindern", und „Nur darum, weil jemand die eine Aufgabe erfüllen kann, ist dies kein Beweis dafür, daß er auch eine andere erfüllen kann."

Der Gebirgspfad

Ein intelligenter Mann, ein Gelehrter mit geschultem Verstand, kam eines Tages in ein Dorf. Zu Übungszwecken und als Studie wollte er die verschiedenen Anschauungen, die hier vertreten sein mochten, miteinander vergleichen.

Er ging in die Herberge und fragte nach dem wahrhaftigsten Einwohner sowie nach dem größten Lügner des Dorfes. Die Leute, die dort beisamen waren, bezeichneten übereinstimmend einen Mann namens Kazzab als ihren größten Lügner; und ein gewisser Rastgu sei der wahrhaftigste. Der Gelehrte besuchte erst den einen und dann den anderen und stellte jedem eine einfache Frage: „Welches ist der beste Weg zum nächsten Dorf?"

Rastgu, der Wahrhaftige sagte: „Der Gebirgspfad."

Kazzab, der Lügner, sagte auch: „Der Gebirgspfad."

Es war nur natürlich, daß dies dem Reisenden großes Kopfzerbrechen bereitete.

Darum stellte er einigen anderen gewöhnlichen Bürgern dieselbe Frage. Einige sagten: „Der Fluß", andere „Quer über die Felder." Und andere sagten ebenfalls: „Der Gebirgspfad."

Er wählte den Gebirgspfad, aber zusätzlich zum eigentlichen Zweck seiner Reise quälte ihn das Problem der Wahrhaftigen und der Lügner dieses Dorfes.

Als er ins Nachbardorf kam und seine Geschichte in der Herberge erzählte, schloß er mit den Worten: „Ich habe offensichtlich den grundlegenden logischen Fehler gemacht, die falschen Leute nach den Namen des Wahrhaftigen und des Lügners zu fragen. Ich kam auf dem Gebirgspfad recht bequem hierher."

Ein weiser Mann, der zugegen war, sagte: „Logiker, so muß man zugeben, neigen zur Blindheit und müssen andere Leute bitten, ihnen zu helfen. Aber hier liegt die Sache anders. Die Tatsachen sind folgende: Der Fluß ist der bequemste Weg, daher schlug der Lügner den Gebirgspfad vor. Aber der wahrhaftige Mann war nicht nur wahrhaftig. Er bemerkte, daß du einen Esel hast, der dir die Reise doch angenehm macht. Der Lügner beobachtete zufällig nicht die Tatsache, daß du kein Boot hast, sonst hätte er dir den Fluß vorgeschlagen."

„Die Leute finden, daß sie an die Fähigkeiten und Segnungen der Sufis unmöglich glauben können. Aber das sind die Leute, die nichts von wahrem Glauben wissen. Sie glauben entweder aus Gewohnheit oder weil es ihnen von Leuten, die Autorität besitzen, erzählt wird, alle möglichen Sachen, die nicht wahr sind.

„Wahrer Glaube ist etwas anderes. Die fähig sind, wirklich zu glauben, sind jene, die eine Sache erlebt haben. Wenn sie tatsächlich erlebt haben . . ., sind Fähigkeiten und Segnungen, von denen nur erzählt wird, nutzlos für sie." Diese von Sayed Shah (Qadiri, er starb 1854) berichteten Worte leiten manchmal die Geschichte vom Gebirgspfad ein.

Der Indische Vogel

Ein Kaufmann hielt einen Vogel in einem Käfig. Er wollte nach Indien reisen, dem Land, aus dem der Vogel stammte, und fragte ihn, ob er ihm irgend etwas mitbringen könne. Der Vogel bat um seine Freiheit, aber das wurde ihm abgeschlagen. Da bat er den Kaufmann, er möge in Indien einen Dschungel aufsuchen und dort den freien Vögeln von seiner Gefangenschaft berichten.

Der Kaufmann führte das auch aus, und kaum hatte er zu Ende gesprochen, als ein wilder Vogel, von derselben Art wie sein eigener, wie tot aus dem Baume auf die Erde fiel.

Der Kaufmann nahm an, dieser müsse ein Verwandter seines eigenen Vogels sein, und es tat ihm leid, vielleicht Schuld an seinem Tode zu sein.

Als er nachhause kam, fragte der Vogel ihn, ob er gute Nachrichten aus Indien bringe.

„Nein", sagte der Kaufmann, „ich fürchte, ich

habe schlechte Nachrichten. Einer deiner Verwandten brach tot zusammen und fiel mir vor die Füße, als ich von deiner Gefangenschaft erzählte."

Kaum waren diese Worte ausgesprochen, als der Vogel des Kaufmanns zusammenbrach und auf den Boden des Käfigs fiel.

„Die Nachricht vom Tod seines Verwandten hat auch ihn getötet", dachte der Kaufmann. Betrübt nahm er den Vogel und legte ihn auf die Fensterbank. Sogleich wurde der Vogel wieder lebendig und flog auf einen nahen Baum.

„Nun verstehst du wohl", sagte der Vogel, „daß du für ein Unglück hieltest, was in Wirklichkeit eine gute Nachricht für mich war. Und daß die Botschaft, der Rat, wie ich mich verhalten müsse, um mich befreien zu können, mir von dir selber, der du mich in Gefangenschaft hieltest, überbracht wurde." Und endlich befreit, flog er davon.

Rumis Fabel ist eine von den vielen, die dem Sucher auf dem Sufipfad nachdrücklich vor Augen führt, wie groß die Bedeutung der indirekten Belehrung im Sufismus ist.

Nachahmer und Systeme, die sich dem Stil eines schablonenhaften Denkens angepaßt haben, ziehen sowohl im Osten als auch im Westen vor, „System" und „Programm" zu betonen, statt der Ganzheitlichkeit der Erfahrung, wie sie sich in der Sufischulung ereignet.